Barbara Rias-Bucher

Ballaststoffe? Korn & Co.!

SÜDWEST

Inhalt

Hirseflammeri mit saftigen Pfirsichen – unübertroffen gut.

Die bunte Dinkelgrießsuppe gelingt immer.

Amaranth mit Gemüse – Ballaststoffe, Vitamine und Mineralien in köstlicher Form.

Mit Knoblauch und Zwiebeln wird die Haferpfanne mit Hähnchen erst richtig gut.

Der Buchweizentorte mit Aprikosen kann keiner widerstehen.

Kein unnötiger Ballast

Ballaststoffe halten den Darm gesund und die Verdauung in Schwung. Überflüssiges Cholesterin und selbst Schadstoffe aus der Nahrung können schnell wieder ausgeschieden werden.

Ballaststoffe sind unverdauliche Bestandteile pflanzlicher Lebensmittel, die in den Zellwänden von Getreide, Hülsenfrüchten, Gemüse und Obst vorkommen. Die etwas abwertende Bezeichnung stammt noch aus einer Zeit, als man die hundertprozentige Verdaulichkeit der Nahrung als das Beste ansah. Lange Zeit hielt man Ballaststoffe für vollkommen wertlos für den Organismus. Inzwischen ist nachgewiesen, dass Ballaststoffe eine wichtige Funktion für die Verdauung haben und Verstopfung verhindern können. Man weiß auch, dass sie chronischen Darmleiden und sogar Dickdarmkrebs vorbeugen können, weil sie schädliche Keime in Schach halten, das Wachstum der gesunden Darmflora fördern und unser Immunsystem stärken. Bestimmte Ballaststoffe senken sogar den Cholesterinspiegel im Blut.

Positive Wirkungen

Aufgrund ihrer Fähigkeit zur Wasserbindung unterscheidet man zwischen »löslichen« und »unlöslichen« Ballaststoffen. Erstere bilden bei Berührung mit Wasser Gele. Zu ihnen zählen Pektin, Agar-Agar und Johannisbrotkernmehl. Sie dienen nützlichen Bakterien in unserem Dickdarm als Energielieferanten und fördern dadurch deren Vermehrung. So halten die »guten« Bakterien durch ihre Fülle die schädlichen Mikroorganismen in Schach, die durch den Stoffwechsel, Umweltbelastungen oder falsche Ernährung entstehen. Die Verdauungsarbeit der Bakterienflora hat weitere günstige Wirkungen auf die Gesundheit: Durch den Abbau der löslichen Ballaststoffe entstehen Fettsäuren, die von der Darmwand aufgenommen werden und den Darm zu verstärkter Motorik anregen. Diese Fettsäuren spielen eine wichtige Rolle bei der Krebsprävention: Sie verzögern die Vermehrung von Tumorzellen im Dickdarm, hindern sie an der »Wanderung« in andere Organe und wirken so gegen Metastasenbildung. Und sie unterstützen den »programmierten Zelltod«, mit dem unser Organismus schädliche Zellen aus dem Verkehr zieht.

Bessere Verdauung

Dagegen lassen sich die »unlöslichen« Ballaststoffe, zu denen Zellulose, Hemizellulose und Lignin zählen, im Dickdarm nicht abbauen. Da sie viel Flüssigkeit aufnehmen, vergrößern sie den Darminhalt, der auf diese Weise schneller transportiert und ausgeschieden wird. Sie binden Schad- und Fäulnisstoffe (Gallensäuren), die sich selbst bilden oder aufgenommen werden.

Erbsen enthalten Kohlenhydrate meist in Form von Stärke, daher schmecken sie leicht mehlig.

Ballaststoffreiche Lebensmittel

Vollkornbrot sowie andere Getreideprodukte aus dem vollen Korn sind neben Obst, Gemüse und Hülsenfrüchten die wichtigsten Ballaststoffquellen. Während Getreide viel Hemizellulosen, wenig Zellulose und Lignin und noch weniger Pektin enthält, zeichnen sich Obst und Gemüse durch hohe Gehalte an Pektin und Zellulose aus.
Im Getreidekorn haben alle Inhaltsstoffe ihren festen Platz. Die äußere Fruchthaut und die Samenschale darunter enthalten die meisten Ballaststoffe. Der Keimling am spitzen Ende des Korns und die großen Zellen der Aleuronschicht, die sowohl den Keimling als auch den Mehlkörper im Innern des Korns umgeben, liefern biologisch hochwertiges Eiweiß und Öl mit mehrfach ungesättigten Fettsäuren. Dort konzentrieren sich auch Vitamine und Mineralstoffe. Der Mehlkörper ist angefüllt mit Stärke, wenig löslichen Ballaststoffen und Eiweiß. Je mehr Sie vom vollen Korn verzehren, desto besser sind Sie mit allen Inhaltsstoffen versorgt.

Beim Backen darauf achten

Weizen ist das ideale Getreide, um Brot, Kuchen, Gebäck und Teigwaren zu backen, da sein Mehl die besten Backeigenschaften aufweist. Es enthält die beiden Eiweißbestandteile Gliadin und Glutenin in einem besonders günstigen Verhältnis. Diese Proteine bilden den Kleber: Mit Wasser oder anderer Flüssigkeit vermischt, quellen sie auf und verbinden sich miteinander. Bereits der rohe Teig bekommt durch den Kleber ein »Gerüst«, so dass man ihn formen und schneiden kann. Dinkel, der wiederentdeckte enge Verwandte von Weizen, hat genauso viel Klebereiweiß wie Vollkornweizenmehl, und sein Mehl lässt sich ebenso gut verbacken. Roggenmehl braucht Säure, beispielsweise vom Sauerteig, um gut zu verbacken. Andere Mehlarten benötigen immer die Zugabe von Weizen- oder Dinkelmehl, um beim Backen gut aufzugehen.

Vollkornmehl enthält noch den Keimling und somit auch mehr Fett als Weißmehl. Deshalb verdirbt Vollkornmehl schneller.

Typenzahl

Weizen- und Roggenmehl werden in Typenzahlen eingeteilt, denn je nachdem welche Kornbestandteile vermahlen werden, kann Mehl viel oder wenig Ballaststoffe enthalten. Achten Sie deshalb auf die Typen-Bezeichnung beim Mehl. Für das helle Mehl der Type 405 wird nur das Innere des Korns, der Mehlkörper, vermahlen. Es enthält daher auch kaum Ballaststoffe. Dagegen zeichnen sich Backschrote und Mehl ab Type 1600 durch hohe Ballaststoffgehalte aus.

Getreideprodukte aus dem vollen Korn, Obst und Gemüse sollten ein fester Bestandteil der täglichen Nahrung sein.

Basis der Ernährung

Getreidekörner sind Naturschätze. Außer Ballaststoffen enthalten sie alle notwendigen Nährstoffe.

Energielieferanten

Kohlenhydrate bilden das Gerüst aller Pflanzen, geben allen Lebewesen Energie. Ihre Bausteine sind Einfachzucker, wie Fruchtzucker (Fruktose), Traubenzucker (Glukose) oder Rübenzucker (Saccharose). Verbindungen von mehr als zwei Einfachzuckern schmecken nicht mehr süß. Zu diesen komplexen Kohlenhydraten gehören Stärke und Ballaststoffe.

Getrocknete Datteln werden gelegentlich mit einem Sirup überzogen, damit sie weich bleiben. Dabei erhöht sich allerdings ihr ohnehin schon sehr hoher Zuckergehalt.

In Getreide ist alles enthalten, was man zum Leben braucht: Sobald die kleinen Körner mit Feuchtigkeit in Berührung kommen, entstehen aus ihnen neue Pflanzen.

Eiweiße sind elementare Bausteine, die ständig vom Körper verbraucht und ihm deshalb täglich zugeführt werden müssen. Tierisches Eiweiß aus Fleisch, Fisch, Milch und Eiern kann der Mensch besonders gut verwerten, doch diesen Lebensmitteln mangelt es an Kohlenhydraten und Ballaststoffen, die ja in Getreide und Körnerfrüchten großzügig enthalten sind. Durch richtige Zusammenstellung kann der Eiweißgehalt einer ballaststoffreichen Kost aus Getreide, Gemüse und Körnern ebenso hochwertig werden.

Fett in Getreide und Körnerfrüchten macht nicht dick, sondern erfüllt wichtige Funktionen. Es hilft, fettlösliche Vitamine zu verwerten und liefert essenzielle Fettsäuren für unseren Stoffwechsel.

Bioaktivstoffe

Vitamine können vom Körper nicht selbst hergestellt werden. Allerdings kann er die fettlöslichen Vitamine A, D, E und K kurze Zeit speichern. Dagegen müssen die wasserlöslichen B-Vitamine und Vitamin C laufend zugeführt werden. Volle Weizenkörner sind reich an B-Vitaminen.

Mineralstoffe müssen auch aufgenommen werden. Doch mit Getreide und Körnerfrüchten gelingt dies leicht. Knochenfreundliches Kalzium ist in Hafer und Hirse enthalten, nervenstärkendes Magnesium liefern Gerste und Weizen. Kaliumspender für Herz und Kreislauf sind Reis und Roggen. Zink für Stoffwechsel und gute Augen nimmt man mit Amaranth und Dinkel auf.

Sekundäre Pflanzenstoffe sind Substanzen in pflanzlichen Lebensmitteln, die im Körper wie Arzneimittel wirken. Dazu gehören neben Vitaminen und Ballaststoffen ätherische Öle, organische Säuren, Farb- und Aromastoffe. Mit ihnen kann man manche Zivilisationskrankheiten verhindern. Sie scheinen zudem die wirksamsten natürlichen Schutzstoffe gegen Krebs zu sein.

Körner & Co.

Weizen, Roggen, Hafer, Gerste, Hirse, Mais und Reis sind die bei uns bekanntesten Getreidearten. Darüber hinaus gibt es noch andere Körner, die im Rahmen einer vollwertigen Ernährung den Speiseplan bereichern können.

Dinkel ist eng mit Weizen verwandt und wird von vielen besser als dieser und anderes Getreide vertragen. Er liefert essenzielle Amino- und Fettsäuren, sichert die Versorgung mit Mineralstoffen und Vitaminen.

Grünkern ist unreif geernteter und gedarrter Dinkel. Er enthält noch keinen Kleber. Grünkern ist leichter verdaulich als ausgereifter Dinkel, seine Körner brauchen nicht so lange zum Garen und schmecken wunderbar nussartig mit leichtem Räucheraroma.

Kamut ist ein Verwandter des Hartweizens mit großen Körnern. Er ist genauso leicht zu verarbeiten wie Weizen, eignet sich hervorragend für jeden Teig und zum Backen, ebenso wie für Schrotmüsli oder zum Flockenquetschen.

Amaranth, die kleinen runden, meist hellen Samen, liefern leicht verdauliche Stärke, besonders viel Eiweiß und cholesterinsenkende Ölsäure. Zudem sind sie reich an Eisen, Kalzium und Magnesium.

Buchweizen bringt dreikantige braune Körner hervor, die unter ihrer harten Schale einen grünlichbraunen bis hellbeigen, mild und nussig schmeckenden Kern verbergen. Sie enthalten etwa 10 Prozent hochwertiges Eiweiß, inklusive der essenziellen Aminosäure Lysin, die sonst in Getreide eher spärlich vorhanden ist.

Quinoa stammt aus Südamerika. Die winzigen weißgelben Körnchen enthalten Saponine, die uns wichtige Bioaktivstoffe sind, denn sie senken den Cholesterinspiegel und halten damit die Blutgefäße intakt. Quinoa liefert mehr Eiweiß als Getreide, da der Keimling etwa 60 Prozent des Samens einnimmt. Zudem sind die Gehalte an B-Vitaminen und vor allem der Mineralstoffe Kupfer, Magnesium und Eisen sehr hoch.

Wildreis ist nicht mit Reis verwandt, sondern wächst als Wassergras an See- und Flussufern Nordamerikas. Seine schwarzen Samen erinnern an Tannennadeln und schmecken zart nach Nüssen.

Quinoa, Buchweizen und Amaranth werden als Pseudocerealien bezeichnet, da sie so nahrhaft wie Getreide sind und als solches zubereitet werden, obwohl sie nicht zur Familie der Gräser zählen.

Vollkornmehl wird im Handel ohne Typenbezeichnung, dem Ausmahlungsgrad, angeboten, da es ohnehin alle Schichten des Getreidekorns enthält.

Ballaststoffreich essen

Mit einem Schrotmüsli zum Frühstück und einer Scheibe Vollkornbrot als Imbiss ist man länger satt als mit einem Stück Kuchen oder einem Riegel Schokolade. Außerdem fällt es dabei wesentlich leichter, das Gewicht zu halten oder sogar abzunehmen.

Achten Sie beim Kauf von Getreideflocken darauf, dass Sie Vollkornflocken bekommen. Auf dem Etikett ist das ersichtlich.

Neues geht man am besten behutsam an: Auch wenn Sie sich entschlossen haben, mehr Vollkorn zu essen, dürfen Sie Ihren Speisezettel nur langsam ändern. Eine radikale Umstellung der Ernährung bewirkt Verdauungsprobleme und nimmt Ihnen die Freude am Essen. Der Körper muss sich auf mehr Ballaststoffe einstellen und andere Enzyme bilden. Am besten fangen Sie Schritt für Schritt an: Bei ganzen Getreidekörnern mit Grünkern beginnen, mit Dinkel, Weizen, Hafer und Gerste weitermachen und Roggen zuletzt probieren.

Langsam beginnen

Körnerkuren über einige Tage mit verschiedenen Getreidesorten wie Weizen, Roggen, Hafer, Gerste und Hirse werden häufig als gesund gelobt. Sie sollen den Stoffwechsel aktivieren, den Organismus durch Ballaststoffe und reichlich Kalium im Getreide entschlacken. Wissenschaftlich ist das nicht belegt und kulinarisch gewiss kein Spaß. Bei empfindlichen Menschen können solche Kuren sogar Verdauungsprobleme und Allergien verursachen.

Feine Alternativen

Wer auf rohes Getreide allergisch reagiert, kann das Frischkornmüsli durch Grießbrei aus Vollkorngrieß, Flammeri mit Obstsalat oder Flocken mit Joghurt und Obst ersetzen.

Länger satt

Ballaststoffreich zu essen hat zudem den Vorteil, dass man länger satt bleibt. Während Zucker ein rascher Energiespender ist – da der Körper ihn schnell aufnehmen, über das Blut in die Zellen transportieren kann und damit der Blutzuckerspiegel rasch ansteigt, aber auch wieder schnell abfällt – wird Stärke langsam resorbiert. Dies liegt in der Natur der Sache, denn die langen Molekülketten müssen erst in die einfachen Zuckermoleküle zerlegt werden, bevor sie ins Blut gelangen. Deshalb liefert

uns Stärke die notwendige Energie zwar nicht rasch, dafür aber wohldosiert über einen längeren Zeitraum. Bei stärkereichen Lebensmitteln wie Getreide steigt der Blutzuckerspiegel ganz langsam an und sinkt ebenso sanft wieder ab.

Trinken nicht vergessen!

Mindestens zwei Liter Flüssigkeit brauchen wir täglich – bei ballaststoffreicher Ernährung mit vielen Körnern und Getreideprodukten sollten es sogar zweieinhalb und mehr Liter sein. Ideal sind Mineralwasser, Kräutertee, Früchtetee und ungesüßte Fruchtsäfte, die keine oder nur wenige Kalorien enthalten.

Nicht roh verzehren

Direkt aus der Packung kann man weder Getreide, noch Amaranth, Quinoa oder Buchweizen essen. Körner, Schrot und Mehl sind erst nach dem Einweichen und/oder Garen so gut verdaulich, dass wir ihre Nähr- und Wirkstoffe aufnehmen können und nicht von Magengrummeln und Blähungen geplagt werden. Wenn diese Beschwerden auftreten, weiß man, dass man es mit Vollkorn übertrieben hat. Denn die Randschichten des Korns enthalten außer Ballaststoffen auch unverdauliche Zuckerverbindungen. Sie gelangen in den Dickdarm, wo Bakterien sie für den eigenen Stoffwechsel verdauen. Dabei bilden sich Gase. Essen Sie dann lieber feines Vollkornbrot, Grieß, Naturreis und Vollkornnudeln.

Allergisch auf Gluten

Es gibt Menschen, die an einer durch Getreideeiweiß aus Weizen, Roggen, Hafer und Gerste ausgelöste Dünndarmerkrankung namens Sprue oder Zöliakie leiden. Bei ihnen kommt es darauf an, alle Lebensmittel grundsätzlich wegzulassen, die das Klebereiweiß Gluten enthalten – auch wenn es nur Spuren sind. Das gilt auch für Dinkel und Grünkern. Zöliakiepatienten können Amaranth, Quinoa, Buchweizen, Hirse, Mais und Reis und deren Produkte bedenkenlos essen.

Richtig kombinieren

Getreide ist sehr eisenreich. Damit das Eisen voll ausgenutzt werden kann, sollte zu jeder Mahlzeit Vitamin-C-reiches Obst, Gemüse oder Säfte verzehrt werden.

Wie viel am Tag?

Die Deutsche Gesellschaft für Ernährung (DGE, Frankfurt) empfiehlt, täglich 30 Gramm Ballaststoffe aufzunehmen. Laut Ernährungsbericht 1996 nehmen Männer allerdings nur 70 Prozent, Frauen sogar nur knapp 60 Prozent dieser empfohlenen Menge auf.

Bei einer ballaststoffreichen Ernährung sollte viel getrunken werden, z.B. ungesüßter Tee, Mineralwasser, ungesüßte Fruchtsäfte oder Fruchtsaftschorlen.

Zubereitetes Getreide ruft selten Allergien und andere Unverträglichkeiten hervor. Außerdem schmeckt es gut und nützt so indirekt unserem Wohlbefinden.

Tipps für die Getreideküche

Nehmen Sie Vollkornmehl so frisch gemahlen wie möglich. Das Mahlen besorgen Naturkostläden und Reformhäuser. Die eigene Getreidemühle lohnt nur, wenn Sie regelmäßig viel backen.

Wer Verdauungsprobleme hat, kann Leinsamen über sein Müsli streuen oder in Joghurt einrühren. Wichtig: viel trinken.

Mit Getreide und Körnerfrüchten können Sie sehr abwechslungsreich kochen und backen, vorausgesetzt, sie beachten ein paar Punkte.

Das Angebot umfasst ganze Körner, Mehl, Schrot, Grütze, Flocken, Graupen und Grieß. Darüber hinaus gibt es Spezialitäten anderer Länder, die unseren Speiseplan bereichern: Couscous aus Nordafrika ist dort Lebensmittel und Spezialgericht zugleich. Dafür wird Grieß aus Hartweizen, Hirse oder einer Mischung aus beiden Getreidearten zu Kügelchen geformt, im Wasserdampf vorgegart und dann getrocknet. Bulgur aus Weizen gehört zu den Grundzutaten der türkischen und vorderasiatischen Küche. Er wird eingeweicht, in Dampf vorgegart, getrocknet und grob oder fein zerkleinert. Polenta aus Italien wird aus Maisgrieß zubereitet.

Einweichen vor der Zubereitung ist bei einigen Getreidearten unerlässlich. 100 Gramm Getreide benötigen dafür folgende Flüssigkeitsmengen: Amaranth, Quinoa und Wildreis die dreifache Menge (300 Milliliter); Weizen, Dinkel, Grünkern, Roggen, Gerste, Hafer, Hirse und Graupen die doppelte Menge (200 Milliliter) und Couscous und Bulgur die eineinhalbfache Menge (150 Milliliter).

Die Garzeiten von eingeweichtem Getreide betragen bei Couscous und Bulgur 30 Minuten, bei Grünkern 40 Minuten, bei Weizen, Dinkel und Gerste 60 Minuten und bei Roggen 90 Minuten. Amaranth, Buchweizen, Gerstengraupen, Grieß, Hafer, Hirse und Quinoa müssen nicht eingeweicht werden. Im Schnellkochtopf reduziert sich die eigentliche Garzeit; die Einweichzeiten und die teilweise erforderlichen Nachquellzeiten bleiben aber unverändert.

Frischkornmüsli besteht aus rohen, geschroteten oder zerquetschten Getreidekörnern, die man durch Einweichen in Wasser oder Milchprodukten wie Joghurt, Dickmilch oder Kefir gut verdaulich macht. Da Schrotbrei der ideale Nährboden für Mikroorganismen ist, muss der Brei unbedingt im Kühlschrank quellen.

Keimlinge und Sprossen von Weizen, Dinkel, Gerste, Hafer, Roggen oder Buchweizen bereichern Rohkost und Gemüse. Zum Keimen brauchen Sie Weckgläser oder Keimgefäße. Das Getreide in reichlich kaltem Wasser etwa sechs Stunden einweichen und wieder abgießen. Die Körner höchstens zu einem Viertel hoch in die Gefäße füllen, damit sie nicht zu eng liegen und diese verschließen. An einen hellen Platz zwischen 18 und 22 °C stellen und nur einmal täglich mäßig gießen. Wer nur die grünen Keimblättchen verwenden möchte, sät die eingeweichten Körner in die Erde, die es auch zum Ziehen von Kräutern zu kaufen gibt. Sobald sich helle Sprossen zeigen, können Sie ernten. Und wenn Sie lieber das Grün essen, lassen Sie die Sprossen weiter wachsen, bis sie etwa daumenhoch sind.

Zum Aufbewahren Getreide und Körnerfrüchte in einer luftdurchlässigen Verpackung kühl, trocken und dunkel lagern, am besten in einer Speisekammer. Der Keller ist in der Regel zu feucht, auf dem Dachboden können die Temperaturen zu stark schwanken.
Ganze Körner halten sich bei richtiger Lagerung etwa zwei Jahre. Wenn Sie die Packung in ein Glas umfüllen, kleben Sie am besten ein Zettelchen mit dem Mindesthaltbarkeitsdatum auf. Vollkornmehl, ob selbst gemahlen oder in einer aufgebrochenen Packung, hält sich etwa vier Wochen. Grober Schrot hält sich am besten im Kühlschrank (drei Wochen), denn durch den höheren Wassergehalt verdirbt er rascher als feines Mehl.

Vorratsschränke muss man regelmäßig mit warmem Essigwasser reinigen, das Getreide häufig kontrollieren – notfalls mit Mehlsieb, Brille oder Lupe. Bei ausgewachsenen Mehlfaltern oder Käfern müssen Sie den gesamten Getreidevorrat vernichten, den Schrank reinigen und etwa vier Wochen auf Vorräte verzichten. Schimmel schadet Ihrer Gesundheit: Aflatoxine, die Stoffwechselprodukte eines bestimmten Schimmelpilzes, zählen zu den stärksten Krebserregern. Verschimmeltes Brot und Getreide, das muffig riecht oder schmeckt, müssen Sie grundsätzlich wegwerfen, die Vorratsbehälter gründlich spülen.

Zum Einfrieren eignen sich rohe oder gekochte Getreidekörner, Schrot und Mehl. Letzteres taut sehr schnell, weil es kaum Wasser enthält. Gekochte Körner zum Schmoren gibt man wie tiefgekühltes Gemüse noch gefroren ins heiße Fett. Rohe Körner tauen im Einweichwasser oder – wie Hirse, Buchweizen und Reis – im Kochsud auf. Schrot fürs Müsli taut ebenfalls im Wasser und muss nicht mal in den Kühlschrank.

Couscous wird aus Weizengrieß hergestellt. Traditionell wird es von Hand gefertigt, indem Weizengrieß und Weizenmehl vermischt und mit Salzwasser beträufelt wird. Danach wird es zu kleinen Körnern gepresst und gerollt.

Kaufen Sie nur gereinigtes Getreide aus kontrolliertem Anbau. Schmutz, Unkrautsamen und das zuweilen bei Roggen auftretende schwärzliche Mutterkorn können lebensgefährliche Vergiftungen hervorrufen.

Frühstück und süße Gerichte

Die notwendige Energie für einen schwungvollen Morgen sollte ein Frühstück liefern. Was liegt näher, als dieses mit einer Kombination von Getreide und Obst zu gestalten? Ballaststoffe sorgen für die lange Sättigung, während Vitamine, Mineralstoffe und andere Bioaktivstoffe die körperliche und geistige Frische garantieren. Doch auch Süßes gehört zum Genuss. Feine Gebäckstücke aus vollwertigem Getreide und fruchtiger Einlage sowie Desserts sorgen für gesunde Abwechslung.

Klassiker

Haferbrei mit Obst

Zu Haferbrei passen viele Obstarten. Ob Erdbeeren, Äpfel, Bananen, Kirschen, Birnen, oder Zitrusfrüchte, die Auswahl richtet sich am besten nach Saison und Angebot.

Für 3 Portionen

- 1/2 l fettarme Milch (1,5 %)
- 1 Prise Salz
- 1 TL abgeriebene Zitronenschale
- 60 g zarte Haferflocken
- 1 EL Butter
- 2 EL Mandelstifte
- 50 g Rohr- oder Rübenzucker
- 1 TL Zimtpulver
- je 1 Orange, Apfel, Banane
- 3 EL Sahne

30 Minuten

Zitrusfrüchte sind wahre Vitamin-C-Bomben. Eine mittelgroße Orange deckt bereits den Tagesbedarf eines Erwachsenen an diesem Vitamin.

1 Die Milch in einem Topf mit Salz und Zitronenschale aufkochen. Die Haferflocken einrühren, zum Kochen bringen und bei schwächster Hitze in 15 Minuten ausquellen lassen.

2 Die Butter in einer kleinen Pfanne zerlassen und die Mandelstifte darin unter Wenden hellbraun rösten. Auf Tellern verteilen und mit Zucker und Zimt bestreuen.

3 Das Obst schälen, in mundgerechte Stücke schneiden und auf den Mandeln verteilen.

4 Den heißen Haferbrei und die Sahne darüber geben. Den Haferbrei sofort servieren.

Pro Portion: 1794/438 kJ/kcal
10 g Eiweiß • 19 g Fett
54 g Kohlenhydrate • 5 g Ballaststoffe • 43 mg Cholesterin

Tipp der Köchin

Haferbrei gilt schon seit alters her als magenfreundliche Speise. Um die Körner besser genießbar zu machen, werden sie entspelzt, gedämpft, zu Flocken gepresst und fein ausgewalzt. Vollkornflocken haben eine feste Struktur und sind insgesamt recht kernig. Für zarte Haferflocken werden die Körner vorher zerschnitten, damit ihre Struktur feiner und zarter wird. Darüber hinaus gibt es noch Instant-Haferflocken, auch Schmelzflocken genannt, die aus Hafermehl gewonnen werden. Sie binden Suppen und Saucen und dienen als Säuglingsnahrung.

Sättigend

Schrotmüsli mit Obst

Für 4 Portionen

- 60 g Sechskorngetreide
- 500 g Kefir
- 1/8 l Milch
- 2 säuerliche Äpfel
- 1 Banane
- 100 g gehackte Cashewnüsse oder Walnüsse
- 50 g Korinthen
- 2 EL Sahne
- 2 EL flüssiger Honig

30 Minuten
5 Stunden Ruhezeit

1 Getreide in einer Getreidemühle grob schroten. Mit Kefir vermischen, zugedeckt im Kühlschrank 5 Stunden quellen lassen.

2 Milch erhitzen und unter den Brei mischen. Die Äpfel schälen, entkernen und klein schneiden. Die Banane schälen und grob zerdrücken.

3 Schrotbrei und Obst mischen. Mit Nüssen und Korinthen bestreuen. Sahne und Honig darüber träufeln.

Pro Portion: 1820/444 kJ/kcal
12 g Eiweiß • 19 g Fett
54 g Kohlenhydrate • 4 g Ballaststoffe • 28 mg Cholesterin

Das Schrotmüsli schmeckt mit roten oder grünen Boskop oder Berlepschäpfeln besonders fruchtig.

Exotisch

Amaranthauflauf mit Pfirsichen

Schneller geht die Zubereitung dieses Rezepts mit Amaranthschrot, denn er ist schon nach 5 Minuten Kochzeit fertig.

Für 5 Portionen
125 g Amaranthkörner
400 ml Milch
Schale und Saft von
1/2 unbehandelten Zitrone
8 Pfirsichhälften (Dose)
1 EL Vanillezucker
2 EL Weinbrand oder Orangensaft
3 Eier
75 g Zucker
100 g weiche Butter
oder Pflanzenmargarine
Außerdem:
Fett für die Form

Frische und aromatische Pfirsiche sind leider nicht das ganze Jahr über erhältlich – dann kann man gut auf Konservenware zurückgreifen.

90 Minuten

1 Amaranth mit Milch und wenig Zitronenschale aufkochen. Zugedeckt bei schwacher Hitze etwa 30 Minuten garen, bis er glasig ist. Zugedeckt abkühlen lassen.

2 Eine hohe Auflaufform fetten. Die Pfirsiche abtropfen lassen und nebeneinander einlegen. Mit Vanillezucker bestreuen, mit Zitronensaft und Weinbrand beträufeln.

3 Die Eier trennen. Eigelbe mit Zucker und Fett schaumig rühren. Die restliche Zitronenschale und den Amaranthbrei untermischen. Eiweiß zu Eischnee steif schlagen und unter die Eigelbmasse ziehen.

4 Den Teig in die Form geben und über den Pfirsichen glatt streichen. Den Auflauf in den kalten Backofen auf die mittlere Schiene stellen und bei 200 °C (Umluft 180 °C, Gas Stufe 4) etwa 45 Minuten backen, bis er schön gebräunt ist.

Pro Portion: 1964/479 kJ/kcal
12 g Eiweiß • 25 g Fett
49 g Kohlenhydrate • 4 g Ballaststoffe • 200 mg Cholesterin

Tipp der Köchin

Als Variante können Sie folgendes Rezept zubereiten: 100 Gramm weiches Fett mit Zucker, Honig oder Obstkraut schaumig rühren. Erst 3 Eier, dann je 125 Gramm Amaranth- und Weizenmehl mit etwas Backpulver vermischen. So viel Milch zugeben, dass der Teig in langen Zapfen von Quirlen des Rührgerätes abreißt. Mit abgetropftem Sauerkirschkompott mischen und wie einen Auflauf backen oder in Puddingform im Wasserbad garen.

Raffiniert

Eierkuchen mit Birnenfüllung

Eierkuchen sind nicht nur bei kleinen Kindern beliebt. Wenn sie wie hier mit einer fruchtigen Füllung zubereitet werden, können sie ein Essen für Gäste auf köstliche Art beenden.

Das Fruchtfleisch von Birnen verfärbt sich sehr schnell, sowie es mit Sauerstoff aus der Luft in Berührung kommt. Daher sollte es geraspelt sehr schnell weiterverwendet werden.

Für 4 Portionen
100 g Dinkelmehl
1 Prise Salz
1/4 l Milch
2 Eier
100 g Sahne
2 feste Birnen
Saft und Schale von
1 unbehandelten Orange
100 g gehackte Mandeln
4–5 EL Ahornsirup
Außerdem:
Öl zum Backen

60 Minuten

1 Das Mehl in eine Schüssel sieben. Salz und Milch zufügen und alles schnell vermischen. Die Eier nacheinander unterrühren. Den Teig abdecken und zum kurzen Ruhen in den Kühlschrank stellen.

2 In der Zwischenzeit die Sahne mit den Quirlen eines Handrührgerätes steif schlagen.

3 Die Birnen waschen, schälen, halbieren und die Stielansätze entfernen. Das Fruchtfleisch raspeln.

4 Die Birnenraspeln mit Sahne, Orangensaft, -schale und Mandeln vermischen. Bis zur weiteren Verwendung kühl stellen.

5 Wenig Öl in einer Pfanne erhitzen und den Teig portionsweise zu Eierkuchen ausbacken. Mit der Birnenmischung füllen und mit Ahornsirup beträufeln. Sofort servieren.

Pro Portion: 2349/561 kJ/kcal
14 g Eiweiß • 33 g Fett
50 g Kohlenhydrate • 8 g Ballaststoffe • 144 mg Cholesterin

Tipp der Köchin

Je dünner die Eierkuchen ausgebacken werden, desto feiner schmecken sie. Schwenken Sie deshalb die Pfanne beim Einfüllen des flüssigen Teiges, damit sich dieser schnell verteilen kann. Die fertigen Pfannkuchen stellen Sie am besten in den leicht angewärmten Backofen, damit sie warm bleiben, bis alle fertig sind. Erst unmittelbar vor dem Servieren füllen.

Klassiker

Aprikosenschmarren

Für 2 Portionen
300 ml Milch
200 g Dinkelmehl
300 g reife Aprikosen
abgeriebene Schale von
1/2 unbehandelten Zitrone
1 Prise Salz
2 Eier
40 g ungesalzene Pistazienkerne
50 g Rohr- oder Rübenzucker
1/2 TL Zimtpulver
Außerdem:
30 g Butterschmalz zum Backen

50 Minuten

1 Die Milch in einem Topf zum Kochen bringen und zur Seite ziehen. Das Mehl in eine Schüssel sieben und mit der kochend heißen Milch übergießen. Die Schüssel mit einem Tuch zudecken und das Mehl ausquellen lassen.

2 Die Aprikosen abziehen, halbieren, entsteinen und das Fruchtfleisch in Stücke schneiden.

3 Die Zitronenschale, das Salz und die Eier zum Mehl geben und alles zu einem Teig verrühren. Die Aprikosenstücke untermischen.

4 Schmalz in einer Pfanne erhitzen. Den Teig darin zugedeckt bei schwacher Hitze 10 Minuten backen, bis er an der Unterseite fest ist. Mit zwei Gabeln in Stücke teilen, unter häufigem Wenden goldbraun backen.

5 Die Pistazien grob hacken und mit Zucker und Zimt über den Aprikosenschmarren streuen.

Pro Portion: 3818/911 kJ/kcal
28 g Eiweiß • 40 g Fett
109 g Kohlenhydrate • 13 g Ballaststoffe • 286 mg Cholesterin

Tipp der Köchin

Leicht säuerliche Aprikosen eignen sich am besten für dieses Rezept.

Reife Aprikosen sind sehr empfindlich. Sobald sie kleine Druckstellen aufweisen, fangen sie schnell an zu schimmeln.

Dieses Gericht eignet sich gleichermaßen als Dessert und als süße Hauptspeise. Wichtig ist allerdings, dass der Schmarren heiß auf den Tisch kommt, denn so schmeckt er unwiderstehlich.

Raffiniert

Reisschmarren

Zu Reisschmarren passt vorzüglich ein fruchtig saures Kompott mit Kirschen, Rhabarber oder Pflaumen.

Für 5 Portionen

- 125 g Rundkornreis
- 3/4 l Milch
- 1 Prise Salz
- 30 g Zucker
- 2 Eier
- 1 Prise Vanillepulver
- abgeriebene Schale von 1 kleinen unbehandelten Orange
- 2 EL Öl
- 1 EL Butter oder Pflanzenmargarine
- 1 EL Puderzucker
- 1/2 TL Zimtpulver

60 Minuten

Die Körner des Rundkornreis werden bis zu 5 Millimeter lang und sind nach dem Kochen wegen ihres hohen Stärkegehalts meist klebrig.

1 Reis, Milch, Salz und Zucker in einem Topf aufkochen. Zugedeckt bei schwacher Hitze etwa 35 Minuten ausquellen lassen.

2 Eier, Vanillepulver und Schale verquirlen. Unter den Brei mischen.

3 Das Öl in einer großen Pfanne erhitzen. Die Reismasse einfüllen, zugedeckt bei mittlerer Hitze etwa 10 Minuten braten, bis sie sich ablösen lässt. Wenden, weitere 5 Minuten braten.

4 Den Schmarren mit zwei Gabeln in Stücke reißen. Butter oder Margarine zugeben und alles unter häufigem Wenden knusprig braun braten. Mit Puderzucker und Zimt bestreuen und heiß servieren.

Pro Portion: 1341/327 kJ/kcal
10 g Eiweiß • 16 g Fett
36 g Kohlenhydrate • 1 g Ballaststoffe • 122 mg Cholesterin

Klassiker

Hirseflammeri

Für 4 Portionen

- 1/4 l Milch
- Salz
- 25 g Honig
- abgeriebene Schale von 1/4 unbehandelten Zitrone
- 70 g Hirse
- 2 Eier
- 1 TL Zitronensaft
- 40 g gemahlene Walnusskerne
- 400 g reife Pfirsiche
- 1 EL ungesüßtes Preiselbeerkompott

45 Minuten
12 Stunden Kühlzeit

1 Milch mit Salz, Honig und Zitronenschale aufkochen. Die Hirse einrühren, einmal aufkochen und zugedeckt bei schwacher Hitze etwa 30 Minuten quellen lassen. Von der Kochstelle nehmen und weitere 10 Minuten quellen lassen.

2 Die Eier trennen und die Eigelbe unter den heißen Hirsebrei mischen. Eiweiß mit Zitronensaft steif schlagen. Den Eischnee mit den Nüssen unter den Hirsebrei ziehen.

3 Flammeri-Portionsförmchen mit kaltem Wasser ausspülen und den Hirsebrei einfüllen. Zudecken und die Flammeris für 12 Stunden im Kühlschrank auskühlen lassen.

4 Für die Sauce Pfirsiche waschen, mit kochendem Wasser übergießen, abziehen, halbieren und entsteinen. Die Pfirsichhälften im Mixer oder mit einem Mixstab pürieren und mit dem Preiselbeerkompott verrühren.

5 Die Flammeris auf Teller stürzen. Mit etwas Pfirsichsauce überziehen und die restliche Sauce getrennt dazu reichen.

Pro Portion: 884/216 kJ/kcal
8 g Eiweiß • 10 g Fett
23 g Kohlenhydrate • 2 g Ballaststoffe • 100 mg Cholesterin

Tipp der Köchin

Flammeris lassen sich gut stürzen, wenn vor dem Einfüllen der Masse die Formen kalt ausgespült oder mit wenig neutralem Öl eingepinselt werden.

Je reifer die Pfirsiche, desto fruchtiger und aromatischer schmeckt das Hirseflammeri.

Bodenständig

Dinkelnudeln mit Mohn

Diese Nudeln sind ein altes Bauerngericht – deftig, nahrhaft und nicht ganz leicht zu kochen. Wichtig ist ein schwerer Bräter, der auch kräftiges Schaben mit der Backschaufel verträgt. Sparen Sie nicht an Butter, sonst kleben die Nudeln an.

Für 4 Portionen

- 250 g Dinkelmehl
- Salz
- 2 mittelgroße Eier
- 1 EL Öl
- 1/2 l Milch
- 75 g Butter
- 50 g Zucker
- 2 EL gemahlener Mohn
- abgeriebene Schale von 1/4 unbehandelter Zitrone
- 1 TL Zimtpulver
- Mehl zum Ausrollen

70 Minuten
3 1/2 Stunden Ruhezeit

Mohn sollte man am besten fertig gemahlen im Handel kaufen. Mit Fruchtkompott oder Vanillesauce sind die Mohnnudeln unwiderstehlich gut.

1 Dinkelmehl, Salz, Eier, Öl und 3 Esslöffel kaltes Wasser mit den Knethaken des Handrührgerätes zu einem bröckeligen Teig verrühren. Den Teig auf der Arbeitsfläche mit den Händen durchkneten, bis er geschmeidig ist. Dabei nach Bedarf teelöffelweise kaltes Wasser unterkneten, bis der Teig so weich ist, dass man ihn gut ausrollen kann. Teig in Folie wickeln und 1 Stunde bei Zimmertemperatur ruhen lassen.

2 Den Teig vierteln, auf einer bemehlten Arbeitsfläche etwa 3 Millimeter dick ausrollen und 30 Minuten trocknen lassen.

3 Die Teigplatten in 2-Finger-breite Streifen schneiden. Jeweils einige dieser Streifen aufeinander legen und quer in 1/2 Zentimeter breite Streifen schneiden. Die Nudeln auf Küchentüchern locker ausbreiten und 2 Stunden trocknen lassen.

4 Die Milch, 1 Prise Salz, jeweils 1 Esslöffel Butter und Zucker, den Mohn und die Zitronenschale in einem großen Bräter aufkochen. Die Nudeln zugeben, aufkochen und dabei ständig wenden. Nudeln im halb geschlossenen Bräter bei mittlerer Hitze etwa 20 Minuten garen, bis die Milch fast verkocht ist. Dabei immer wieder umrühren.

5 Die restliche Butter in Stücken zugeben und die Nudeln unter Wenden goldbraun rösten. Das Zimtpulver mit dem restlichen Zucker vermischen, die Nudeln damit bestreuen und heiß servieren.

Dazu passt Zwetschgen- oder Apfelkompott.

Pro Portion:
2596/620 kJ/kcal
16 g Eiweiß
32 g Fett
67 g Kohlenhydrate
6 g Ballaststoffe
170 mg Cholesterin

Klassiker

Grießnocken mit Obst

Hier wird ausgequollene Grießmasse mit Obst vermischt und mit Eischaum aufgelockert. Nach dem Erkalten sticht man Nocken aus der Masse ab und serviert sie mit einer fruchtigen Sauce.

Für 4 Portionen

- 1/2 l Milch
- 1 Prise Salz
- 50 g Rohr- oder Rübenzucker
- 1 TL abgeriebene Schale von unbehandelter Zitrone
- 150 g Dinkelgrieß
- 300 g Kirschen
- 2 Pfirsiche
- 2 Eier
- 50 g Sahne
- 250 g Himbeeren
- 50 ml roter Fruchtsaft
- 50 g Vanilleeis
- 25 g ungesalzene Pistazienkerne

45 Minuten
5 Stunden Kühlzeit

Frische Himbeeren gibt es nur kurze Zeit im Jahr. Für die Sauce können ohne Probleme auch tiefgefrorene verwendet werden.

1 Die Milch in einem Topf mit Salz, Zucker und der Zitronenschale aufkochen. Den Grieß einrühren und zugedeckt bei schwächster Hitze 5 Minuten quellen lassen. Den Topf von der Kochstelle nehmen, den Grieß auskühlen lassen und dabei immer wieder durchrühren.

2 Inzwischen die Kirschen kurz waschen, trockentupfen, halbieren und entsteinen. Pfirsiche waschen, schälen, halbieren, die Kerne entfernen und das Fruchtfleisch in kleine Stücke schneiden.

3 Die Eier trennen. Eigelbe unter den Grießbrei mischen. Eiweiß und Sahne getrennt voneinander steif schlagen und mit einem Schneebesen unter den Brei ziehen.

4 Die zerkleinerten Kirschen und Pfirsiche mit einer Gabel locker unter den Grieß mischen. Den Obstgrieß zudecken und 5 Stunden in den Kühlschrank stellen.

5 Für die Sauce die Himbeeren verlesen und in einen Mixer geben. Mit rotem Fruchtsaft und Eis pürieren. Die Pistazien grob hacken.

6 Zum Servieren einen Esslöffel in warmes Wasser tauchen, den Obstgrieß damit in Nocken abstechen und auf Tellern verteilen. Die Himbeersauce um die Nocken gießen und die Pistazien über die Grießnocken streuen.

Pro Portion: 2012/480 kJ/kcal
16 g Eiweiß • 17 g Fett
63 g Kohlenhydrate • 9 g Ballaststoffe • 152 mg Cholesterin

Tipp der Köchin

Geben Sie Grieß immer in kochende Milch, dann liegt er kaum am Topfboden an. Beim Formen lösen sich die Nocken von einem nassen Löffel besonders leicht.

Bodenständig

Apfelauflauf

Für 4 Portionen

- 100 g Dinkelbulgur
- Salz
- 2 Eier
- 250 g Quark (20 %)
- Saft und abgeriebene Schale von 1/2 unbehandelten Zitrone
- 1 Päckchen Vanillezucker
- 3 EL Rohrzucker
- 3 EL Milch
- 4 kleine Äpfel
- 50 g Rosinen
- 50 g gehackte Mandeln
- 1 TL Zimt
- Butterflocken

80 Minuten

1 Bulgur, 300 Milliliter Wasser und Salz aufkochen, zugedeckt bei schwacher Hitze 2 Minuten garen.

2 Den Bulgur auf der abgeschalteten Kochstelle 15 bis 20 Minuten ausquellen lassen.

3 Für den Teig die Eier trennen. Eiweiß zu Eischnee steif schlagen. Die Eigelbe mit Quark, Zitronensaft und -schale, Vanillezucker, 2 Esslöffel Rohrzucker und der Milch cremig rühren. Zuerst esslöffelweise den ausgequollenen Bulgur, dann den Eischnee unter den Teig heben.

4 Eine Auflaufform fetten und die Hälfte der Quark-Bulgur-Masse einfüllen. Äpfel waschen, in Spalten schneiden und auf dem Teig verteilen. Mit Rosinen, Mandeln, Zimt und dem restlichen Rohrzucker bestreuen. Den Rest der Masse darüber geben, Butterflöckchen darauf setzen.

5 Den Auflauf in den kalten Backofen auf die mittlere Schiene stellen und bei 190 °C (Umluft 170 °C, Gas Stufe 2) 45 bis 60 Minuten backen.

Pro Portion: 1878/449 kJ/kcal
17 g Eiweiß • 19 g Fett
51 g Kohlenhydrate • 6 g Ballaststoffe • 133 mg Cholesterin

Der Auflauf schmeckt am besten mit säuerlichen Äpfeln mit viel Aroma, z. B. mit der Sorte Boskop.

Tipp der Köchin

Für den Auflauf mit Bulgur, Rosinen und Mandeln kann man auch gut Pfirsiche, Aprikosen oder Sauerkirschen verwenden.

Salate, Snacks und Suppen

Frischkost als Vitaminspender in Vorspeisen und Snacks für den kleinen Hunger zwischendurch – mit verschiedenen Blattsalaten, pikanten Dressings und Körnern aller Art kann man Getreideküche abwechslungsreich gestalten. Selbst eine kräftige Suppe oder ein herzhafter Eintopf mit Getreide oder Körnern sind für manche eine ideale komplette Mahlzeit, die nicht zu viele Kalorien hat und dennoch sättigt.

Weizen und Dinkel sind in ihren Koch- und Backeigenschaften so ähnlich, dass man Rezepte mit der jeweils anderen Getreideart problemlos zubereiten kann.

Seinen scharf-würzigen Geschmack verdanken Radieschen einem Senföl, das auch in Rettich, Meerrettich und Senfkörnern enthalten ist.

Raffiniert

Gemischter Salat mit Bulgur

Für 4 Portionen

- 100 g grober Weizenbulgur
- 1 TL Gemüsebrühe (Instant)
- 1 kleiner Kopf Eichblatt- oder Romanasalat
- 1 Hand voll Spinat
- 1 Hand voll Brunnenkresse
- 1 Bund Radieschen
- 1 Möhre
- 1/2 Päckchen gemischte Kräuter (tiefgekühlt)
- 2 EL Sherryessig
- 2 EL Balsamicoessig
- 3 EL Crème fraîche
- 2 TL körniger Senf
- Salz, frisch gemahlener Pfeffer
- 6 EL Maiskeim- oder Distelöl
- 2 Tomaten

50 Minuten

1 Den Bulgur mit 1/4 Liter Wasser und dem Brüheextrakt aufkochen und zugedeckt 10 Minuten garen. Lauwarm erkalten lassen und dabei immer wieder umrühren.

2 Salatblätter, Spinat und Brunnenkresse waschen und zerteilen. Die Radieschen waschen, putzen und in Scheiben schneiden. Die Möhre schälen und grob raspeln. Alle diese Zutaten mit den Kräutern mischen.

3 Essig mit 1 Esslöffel Crème fraîche, Senf, Salz, Pfeffer und Öl verrühren. Den Salat mit der Sauce mischen und auf Tellern verteilen.

4 Tomaten würfeln und mit der Weizengrütze mischen. Neben dem Salat anrichten, die restliche Crème fraîche darauf setzen.

Pro Portion: 1352/330 kJ/kcal
5 g Eiweiß • 24 g Fett
21 g Kohlenhydrate • 5 g Ballaststoffe • 14 mg Cholesterin

Exotisch

Dinkel mit Schafskäse

Für 4 Portionen

- 1 TL Gemüsebrühe (Instant)
- 200 g Dinkelkörner
- 300 g Tomaten
- 2 Minigurken oder 1/2 Salatgurke
- 100 g harter Schafskäse
- 1/2 Bund frische Pfefferminze
- 4 EL Zitronensaft
- Salz, frisch gemahlener Pfeffer
- 1/2 bis 1/4 TL Harissa
- 4 EL Olivenöl

150 Minuten
30 Minuten Arbeitszeit

1 In einem Topf die Brühe in 1/2 Liter Wasser auflösen. Den Dinkel zugeben, alles zusammen zum Kochen bringen und zugedeckt bei schwacher Hitze 1 Stunde garen. Von der Kochstelle ziehen und den Dinkel 1 weitere Stunde quellen lassen.

2 Die Tomaten waschen, die Stielansätze entfernen und das Fruchtfleisch klein würfeln. Die Gurken nach Bedarf schälen und fein hacken. Den Käse grob raspeln. Die Pfefferminzblätter von den Stängeln zupfen und fein schneiden.

3 Für die Sauce Zitronensaft, Salz, Pfeffer, Harissa und Öl mischen.

4 Den Dinkel mit der verbliebenen Garflüssigkeit, Gurken, Tomaten und Salatsauce vermischen. Käse und Pfefferminze unterheben.

Pro Portion: 1476/352 kJ/kcal
11 g Eiweiß • 18 g Fett
35 g Kohlenhydrate • 6 g Ballaststoffe • 11 mg Cholesterin

Tipp der Köchin

Harissa wird aus scharfen Chilischoten, Cayennepfeffer, Öl, Knoblauch, Koriander, Minze und Kümmel hergestellt. Wegen der Schärfe sparsam dosieren.

Ein scharf-würziger Schafskäse und die scharfe Chilipaste Harissa geben dem zartschmeckenden Dinkel die nötige Schärfe.

Raffiniert

Weinblätter mit Dinkelbulgur

Frische Weinblätter gibt es im Frühling und Sommer in griechischen oder türkischen Läden, manchmal auch auf dem Wochenmarkt. In Salzlake eingelegte Weinblätter bekommt man das ganze Jahr über in Lebensmittelabteilungen großer Warenhäuser.

Für 4 Portionen

- 50 g Korinthen
- 1 kleine Zwiebel
- 6 EL Olivenöl
- 100 g Dinkelbulgur
- Salz, frisch gemahlener Pfeffer
- je 1/2 Bund Dill und Pfefferminze
- 5 schwarze Oliven
- 50 g Pinienkerne
- etwa 40 Weinblätter
- 5 EL Hühnerbrühe (Instant)
- 1 unbehandelte Zitrone

80 Minuten

1 Die Korinthen in einem Schälchen mit warmem Wasser 20 Minuten einweichen. Abtropfen lassen.

2 Inzwischen die Zwiebel abziehen und fein würfeln. 1 Esslöffel Öl erhitzen und die Zwiebelwürfel darin bei schwacher Hitze glasig werden lassen. Den Bulgur mit 300 Millilitern Wasser aufkochen, Salz und Pfeffer zufügen und 2 Minuten kochen lassen. Zugedeckt auf der abgeschalteten Kochstelle einige Minuten quellen lassen, bis die anderen Zutaten vorbereitet sind.

3 Die Kräuter waschen und trocknen, alle Blättchen abzupfen und fein hacken. Die Oliven entsteinen und fein zerkleinern. In einer Pfanne 1 Esslöffel Öl erhitzen und die Pinienkerne darin bei schwacher Hitze unter Rühren goldbraun rösten. Mit Kräutern, Oliven und Korinthen unter den Bulgur mischen.

4 Einen weiten Topf mit 4 bis 5 Weinblättern auslegen. Die restlichen Blätter jeweils mit 1 gehäuften Teelöffel Füllung belegen, aufrollen und nebeneinander auf die Weinblätter im Topf legen. Mit dem restlichen Öl beträufeln. Die Zitrone waschen, trocknen, in Scheiben schneiden und auf die Weinblätter legen. Die Brühe an den Seiten zugießen. Einen Teller auf die Weinblätter legen, damit sie sich beim Garen nicht aufrollen.

5 Die Weinblätter zum Kochen bringen und zugedeckt bei schwacher Hitze 20 Minuten garen. Im Sud abkühlen lassen.

Pro Portion: 1540/368 kJ/kcal
7 g Eiweiß • 25 g Fett
27 g Kohlenhydrate • 5 g Ballaststoffe • 0 mg Cholesterin

Die frische Pfefferminze verleiht den Weinblättern mit Dinkelbulgur eine besonders pikante und frische Note.

Quinoa ist aus küchenpraktischer Sicht eine vielseitige Körnerfrucht, denn sie lässt sich sowohl mit Obst als auch mit Gemüse geschmacklich gut kombinieren.

Rosinen sollten genau wie frisches Obst vor der Verarbeitung gründlich mit warmem Wasser gewaschen werden.

Raffiniert

Fruchtiger Quinoasalat

Für 4 Portionen

200 g Quinoa
50 g Rosinen
3 Frühlingszwiebeln
1 kleiner Apfel
1 kleine Möhre
100 g ungesalzene Erdnusskerne
2 EL gehackte Pfefferminzblätter
2 TL abgeriebene Orangenschale
4 EL Erdnussöl

30 Minuten

1 Quinoa in 1/2 Liter Wasser zum Kochen bringen und zugedeckt bei schwacher Hitze 15 Minuten garen.

2 Die Rosinen unter die ausgequollenen Körner mischen und alles zugedeckt neben der Kochstelle 5 Minuten ziehen lassen.

3 Die Quinoa-Rosinen-Mischung auf einem Backblech oder einer Arbeitsplatte ausbreiten und auskühlen lassen.

4 Die Frühlingzwiebeln waschen, putzen und mit dem Grün in ganz feine Ringe schneiden.

5 Den Apfel schälen, Kerngehäuse entfernen und das Fruchtfleisch in kleine Würfel schneiden. Die Möhre waschen, schälen und raspeln.

6 Alle Zutaten zu einem Salat vermischen und sofort servieren.

Pro Portion: 2061/503 kJ/kcal
16 g Eiweiß • 28 g Fett
47 g Kohlenhydrate • 9 g Ballaststoffe • 0 mg Cholesterin

Gelingt leicht

Käsewaffeln

Für 4 Portionen

150 g Dinkelvollkornmehl
50 g Gerstenvollkornmehl
250 g Buttermilch
75 g Sahne
2 Eier
100 g geriebener Bergkäse
1 TL getrockneter Majoran
Salz
Cayennepfeffer
Außerdem:
Fett für das Waffeleisen

60 Minuten

1 In einer Schüssel beide Mehlsorten, Buttermilch, Sahne, Eier und Käse zu einem Waffelteig verrühren und mit Majoran, Salz und Cayennepfeffer würzen.

2 Die Backflächen eines Waffeleisens einfetten. Jeweils 11/2 Esslöffel Teig hineingeben, verteilen und 3 bis 4 Minuten backen.

3 Die Waffeln heiß servieren. Dazu passt Tomaten- oder Gurkensalat.

Pro Portion: 1600/390 kJ/kcal
20 g Eiweiß • 20 g Fett
36 g Kohlenhydrate • 5 g Ballaststoffe • 158 mg Cholesterin

Tipp der Köchin

Für Waffeln eignen sich auch Hirse, Buchweizen oder Mais. Doch bedarf es dann kleberreichen Mehls von Weizen oder Dinkel – im Verhältnis 2:1 – damit die Waffeln gut zusammenhalten. Als Variante können Sie auch Gemüsewaffeln zubereiten. Dafür 500 Gramm Kohlrabi und 250 Gramm Kartoffeln waschen, schälen und fein raspeln. 1 Zwiebel und 1 Knoblauchzehe abziehen und fein hacken. Diese Zutaten mit 2 Eiern, mit je 75 Gramm Dinkelmehl und geriebenen Greyerzer-Käse, 2 Esslöffel Zitronensaft, Salz und Pfeffer vermischen.

Käsewaffeln serviert man am besten direkt heiß aus dem Waffeleisen. Beim Warmhalten bleiben sie nicht so knusprig.

Wegen ihres starken Geschmacks sollte Kurkuma nur sehr sparsam verwendet werden, damit sie den Geschmack der anderen Zutaten nicht überdeckt.

Reis gehört so selbstverständlich zu unseren Grundnahrungsmitteln, dass wir manchmal fast vergessen, dass auch er ein Getreide ist. Reis sollte ruhig öfters auf den Tisch kommen, denn er lässt sich vielfältig zubereiten. Seine Vitamine und Mineralstoffe werden durch Parboilen auch im geschälten Korn erhalten.

Exotisch

Indonesische Hühnersuppe

Für 4 Portionen

1 Zwiebel
2 Knoblauchzehen
2 EL Erdnussöl
1 TL gemahlene Kurkuma (Gelbwurz)
1/4 TL gemahlener Kreuzkümmel
1/4 TL Zimtpulver
400 ml Kokosmilch (Dose)
3/4 l Geflügelbrühe
50 g Langkornreis
1 Paket Erbsen (tiefgekühlt) (300 g)
1 entbeinte Hähnchenbrust
Salz, frisch gemahlener Pfeffer
2 EL Zitronensaft

40 Minuten

1 Zwiebel und Knoblauch abziehen und fein hacken. Die Hälfte vom Öl erhitzen und Zwiebel und Knoblauch darin glasig braten. Gewürze einrühren und kurz mitbraten.

2 Kokosmilch und Brühe zugießen und aufkochen. Den Reis einstreuen und alles zugedeckt bei schwacher Hitze etwa 15 Minuten garen. Die gefrorenen Erbsen in die Suppe geben, die Flüssigkeit erneut aufkochen und alles zusammen weitere 5 Minuten garen.

3 In der Zwischenzeit die Hähnchenbrust häuten und in feine Streifen schneiden. Das restliche Öl erhitzen und das Fleisch darin unter ständigem Rühren von allen Seiten hellbraun braten. Das Fleisch in die Suppe geben. Die Suppe mit Salz, Pfeffer und Zitronensaft würzen und sofort servieren.

Pro Portion: 1353/330 kJ/kcal
17 g Eiweiß • 10 g Fett
24 g Kohlenhydrate • 3 g Ballaststoffe • 33 mg Cholesterin

Bodenständig

Amaranthsuppe

Für 4 Portionen

1 Bund Suppengrün
1 Knoblauchzehe
1 Bund Petersilie
1 Hand voll Sauerampfer
1 Hand voll Spinat
1 Stängel Majoran
1 EL Butter oder Pflanzenmargarine
150 g Amaranthschrot
3/4 l Gemüsebrühe (Instant)
Salz, Cayennepfeffer
1/4 Bund Schnittlauch
2 EL Crème double

20 Minuten

1 Das Suppengrün auseinander nehmen und klein schneiden. Knoblauch abziehen und fein hacken.

2 Petersilie, Sauerampfer, Spinat und Majoran waschen, abtropfen lassen und fein hacken.

3 Fett erhitzen und das Suppengemüse sowie den Knoblauch darin bei schwacher Hitze anbraten. Amaranthschrot zugeben und etwa 1 Minute unter Rühren mitrösten.

4 Die Gemüsebrühe nach und nach unter Rühren zugießen. Mit Salz und Cayennepfeffer würzen. Die Suppe einmal aufkochen lassen und zugedeckt bei schwacher Hitze 5 Minuten garen.

5 Petersilie, Sauerampfer, Spinat und Majoran in die Suppe rühren, kurz erhitzen, aber nicht kochen.

6 Schnittlauch waschen, trocknen, in feine Röllchen schneiden und mit Crème double vermischen.

7 Die Suppe auf vorgewärmten Tellern verteilen. Jeweils einen Klecks Schnittlauchcreme aufsetzen und mit Cayennepfeffer bestreuen.

Pro Portion: 927/226 kJ/kcal
8 g Eiweiß • 9 g Fett
25 g Kohlenhydrate • 6 g Ballaststoffe • 16 mg Cholesterin

Tipp der Köchin

Mit seinem hohen Lezithingehalt hilft Amaranth, wenn man unter Leistungsdruck steht oder geistig viel arbeiten muss, denn es stärkt die Nerven.

Die kleinen weißen, zuweilen gelblichen Amaranthkörner sind gute Quellen für Vitamine und Mineralstoffe. Zu Schrot verarbeitet, lassen sie sich ganz einfach zubereiten.

Suppen bekommen meist erst dann ein gutes Aroma, wenn man verschiedene Gemüsestückchen mitkocht.

Gelingt leicht

Tomatensuppe mit Käseklößchen

Kochen mit Vollwertgetreide muss nicht eintönig sein, wie dieses Rezept beweist. Die mit Vollkornmehl zubereiteten Klößchen bereichern die Suppe und verwöhnen den Gaumen.

Für 4 Portionen

- 1 kg Tomaten
- 2 Bund Suppengrün
- 1 Knoblauchzehe
- 1 TL Gemüsebrühe (Instant)
- 30 g Butter
- 1 Ei
- 90 g Weizenvollkornmehl
- 30 g geriebener Käse
- 1 EL getrockneter Thymian
- 1 Prise geriebene Muskatnuss
- Salz, frisch gemahlener Pfeffer
- 1 Bund Schnittlauch
- 100 g Crème fraîche
- 1 Prise Zucker

Wer Tomaten schon einmal direkt vom Strauch gegessen hat, weiß, welch unvergleichliches Aroma sie haben können. Bei Tomaten aus dem Supermarkt greift man am besten zu Strauchtomaten.

⏲ **50 Minuten**

1 Die Tomaten waschen, Stielansätze entfernen und das Fruchtfleisch in Würfel schneiden. Suppengrün waschen, nach Bedarf putzen und fein zerkleinern. Den Knoblauch abziehen und fein hacken.

2 In einem Topf die vorbereiteten Zutaten mit der Brühe in 1/2 Liter Wasser aufkochen und 5 Minuten bei schwacher Hitze garen. Die Suppe mit einem Stabmixer pürieren.

3 Für die Klößchen die Butter mit den Quirlen eines Handrührgerätes schaumig schlagen und mit Ei, Mehl, Käse, Thymian, Muskat, Salz und Pfeffer zu einem geschmeidigen Teig rühren.

4 Die pürierte Suppe erhitzen. Mit einem Teelöffel kleine Klößchen vom Teig abstechen und in der Suppe bei schwacher Hitze etwa 10 Minuten garen. Sie sind gar, sobald sie an die Oberfläche steigen. Herausnehmen und abtropfen lassen.

5 Inzwischen den Schnittlauch waschen und in Röllchen schneiden.

6 Die Klößchen in Suppenteller setzen. Crème fraîche in die Suppe rühren und mit Salz, Pfeffer und Zucker würzen. Die Suppe über die Klößchen gießen und den Schnittlauch darüber streuen.

Pro Portion: 1409/337 kJ/kcal
11 g Eiweiß • 21 g Fett
25 g Kohlenhydrate • 7 g Ballaststoffe • 100 mg Cholesterin

Tipp der Köchin

Mit einem kräftigen Käse, z. B. Appenzeller, wird die Suppe würzig.

Bodenständig

Dinkelsuppe mit Wirsing

Es gibt viele verschiedene Sorten Wirsing, die alle zu unterschiedlichen Zeiten geerntet werden. So ist Wirsing aus heimischem Anbau fast ganzjährig erhältlich.

Für 4 Portionen
200 g Wirsingblätter
1 kleine Zwiebel
1 Knoblauchzehe
1/2 unbehandelte Zitrone
1 EL Butter oder Pflanzenmargarine
50 g Dinkelschrot
3/4 l Gemüsebrühe
250 g Sahne
Salz, weißer Pfeffer
geriebene Muskatnuss oder Macis
2 Stängel Petersilie

50 Minuten

1 Wirsingblätter waschen, die Rippen herausschneiden und klein würfeln, die Blätter in feine Streifen schneiden. Zwiebel und Knoblauch abziehen und fein hacken. Von der Zitrone die Schale etwa zur Hälfte abreiben, den Saft auspressen.

2 Butter oder Margarine in einem Topf erhitzen und die Zwiebel- und Knoblauchwürfel darin glasig anbraten. Dinkelschrot und Wirsingteile zugeben und kurz mitschmoren. Zitronensaft, Gemüsebrühe und 2 Esslöffel Sahne zugießen, aufkochen und zugedeckt bei mittlerer Hitze etwa 15 Minuten garen, bis der Wirsing weich ist.

3 Die restliche Sahne zugießen. Die Suppe mit der Zitronenschale, Salz, Pfeffer und Muskat oder Macis würzen und erhitzen, aber nicht mehr aufkochen.

4 Die Petersilie waschen, trocknen und fein hacken. Die Suppe auf vorgewärmten Tellern anrichten und mit Petersilie bestreuen.

Pro Portion: 1307/311 kJ/kcal
5 g Eiweiß • 27 g Fett
13 g Kohlenhydrate • 3 g Ballaststoffe • 77 mg Cholesterin

Wenn Sie mögen, können Sie zur Dinkelsuppe noch andere Gemüsesorten geben, z. B. Kartoffeln, Möhren oder Lauch.

Die Stiele von Brunnenkresse sind zu hart und schmecken etwas bitter, weshalb man die Blätter abzupfen soll. Das Hacken vieler Kräuter geht übrigens mit dem Wiegemesser am besten.

Sauerampfer ist auf Wochenmärkten oder in Spezialgeschäften ab Frühsommer erhältlich.

Raffiniert

Bunte Dinkelgrießsuppe

Für 4 Portionen
2 kleine Zucchini
100 g Brunnenkresse
1 Hand voll Kerbel
1 Hand voll Sauerampfer
3/4 l Gemüsebrühe
40 g Dinkelgrieß
100 g Schmand
Cayennepfeffer

30 Minuten

1 Zucchini waschen, putzen und in dünne Stifte schneiden. Alle Kräuter waschen, trocknen und fein hacken.

2 Die Brühe zum Kochen bringen. Den Grieß einrühren, aufkochen und zugedeckt bei schwacher Hitze 5 Minuten garen. Die Zucchinistifte zufügen und 2 Minuten mitgaren.

3 Den Schmand und die Kräuter untermischen. Die Suppe erhitzen, aber nicht mehr kochen. Nach Gusto kräftig mit Cayennepfeffer würzen.

Pro Portion: 704/167 kJ/kcal
5 g Eiweiß • 12 g Fett
11 g Kohlenhydrate • 4 g Ballaststoffe • 22 mg Cholesterin

Tipp der Köchin

Den Sauerampfer in der Suppe nur kurz erhitzen, sonst verliert er an Aroma.

Bodenständig

Bulgursuppe mit Kohlrabi

Für 3 Portionen
1 Knoblauchzehe
1 EL Olivenöl
50 g Dinkelbulgur
1 EL Gemüsebrühe (Instant)
1 kleiner Kohlrabi
1 Frühlingszwiebel
1/8 l Milch
schwarzer Pfeffer, Muskatnuss
2 EL Zitronensaft
1 EL Schnittlauchröllchen

30 Minuten

1 Knoblauch abziehen und durch eine Knoblauchpresse drücken. Das Öl in einem Topf erhitzen und Knoblauch und Bulgur darin unter ständigem Rühren anbraten. 3/4 Liter Wasser und Brühe einrühren. Zum Kochen bringen und zugedeckt bei schwacher Hitze 10 Minuten garen.

2 Den Kohlrabi waschen, schälen und grob raspeln. Die zarten Kohlrabiblättchen waschen und hacken. Die Frühlingszwiebel putzen, waschen und fein zerkleinern.

3 Das Gemüse in die Suppe geben, aufkochen und zugedeckt etwa 5 Minuten kochen. Die Milch einrühren. Die Suppe mit Pfeffer, Muskatnuss und Zitronensaft würzen. Mit Schnittlauch bestreuen.

Pro Portion: 564/135 kJ/kcal
5 g Eiweiß • 6 g Fett
15 g Kohlenhydrate • 2 g Ballaststoffe • 5 mg Cholesterin

Tipp der Köchin

Für diese Suppe sollten Sie einen kleinen und jungen Kohlrabi auswählen, denn sein Zellgefüge ist noch sehr zart und knackig. Ältere, größere Exemplare sind oft härter.

Die bunte Dinkelgrießsuppe ist im Handumdrehen fertig und gelingt auch jedem ungeübten Koch.

Herzhaftes aus dem Backofen

Getreide und Körnerfrüchte sind viel zu schade, um sie nur zum Brotbacken in den Backofen zu stecken. Mit ihnen gelingen auch feine Aufläufe, Gratins und andere Köstlichkeiten. Der Vorteil dieser Zubereitungsformen ist auch von praktischer Natur: Sie können gut vorbereitet werden und vertragen es sogar, wenn sie einmal länger im Ofen bleiben. Zudem eignen sie sich ideal zur Resteverwertung. Raffinierte Varianten sind aufwändige Pasteten und Soufflés.

Klassiker

Rohrnudeln mit Käse

Wenn Sie vergessen haben, den Grünkern einzuweichen, kochen Sie ihn auf, bevor Sie mit dem Teig beginnen. Die Körner bei schwacher Hitze garen, bis der Vorteig fertig ist, und neben der Kochstelle quellen lassen, solange der Teig aufgeht.

Für 6 Stück

- 80 g Grünkernkörner
- 500 g Dinkelvollkornmehl
- 40 g Hefe, 1 TL Apfelkraut
- Salz, 4 EL Erdnussöl
- 80 g gesalzene Erdnusskerne
- 50 g harter türkischer Schafskäse oder mittelalter Gouda
- 100 ml Milch, 30 g Butter

40 Minuten
145 Minuten Ruhezeit

1 Die Grünkernkörner über Nacht in Wasser einweichen. Am nächsten Tag abtropfen lassen. Mehl in eine Schüssel geben und in die Mitte eine Mulde drücken. Die Hefe hineinbröckeln und mit 6 Esslöffeln warmem Wasser, Apfelkraut und etwas Mehl verrühren, bis sie sich aufgelöst hat. Vorteig zudecken und bei Zimmertemperatur 15 Minuten ruhen lassen.

Die Rohrnudeln können Sie mit jedem beliebigen Käse füllen, nur kräftig-würzig sollte er sein.

2 Restliches Mehl unterrühren. Etwa 200 Milliliter warmes Wasser, Salz und Öl mit den Knethaken des Handrührgerätes unterrühren, bis sich der Teig vom Schüsselrand löst. Teig zudecken, etwa 1 Stunde ruhen lassen, bis er sich verdoppelt hat.

3 Erdnüsse grob hacken. Käse in sechs Stücke schneiden. Teig auf einer bemehlten Arbeitsfläche erneut kräftig durchkneten, dabei Grünkern und Nüsse einarbeiten. Den Teig zu einer Rolle formen und in 6 Stücke schneiden. Jedes Stück auf der Handfläche flach drücken und jeweils ein Käsestück einhüllen.

4 Eine Form ausfetten. Die Nudeln einsetzen und mit der Milch umgießen. In den Backofen schieben und bei 200 °C (Umluft 180 °C, Gas Stufe 3–4) 40 Minuten backen. Nach 20 Minuten mit dem Fett bestreichen.

Pro Portion: 2394/571 kJ/kcal
16 g Eiweiß • 24 g Fett
72 g Kohlenhydrate • 8 g Ballaststoffe • 22 mg Cholesterin

Raffiniert

Pilze mit Grünkernkruste

Für 3 Portionen

- 100 g Grünkernschrot
- 1/4 l Gemüsebrühe (Instant)
- 750 g Austernpilze, 3 EL Öl
- 100 g griechischer Schafskäse
- 1 Zwiebel, 1 Knoblauchzehe
- Schale von 1/2, Saft von 1 kleinen unbehandelten Zitrone
- 1 TL getrockneter Oregano
- Salz, frisch gemahlener Pfeffer
- 100 g Sahne

75 Minuten

1 Schrot in Brühe aufkochen. Zugedeckt bei schwächster Hitze 10 Minuten kochen. Ausquellen lassen. Pilze in Streifen schneiden. Öl erhitzen und die Pilze darin anbraten. In eine ofenfeste Form geben.

2 Käse zerbröckeln. Zwiebel und Knoblauch abziehen und fein würfeln. Zitronenschale zerkleinern. Diese Zutaten mit Zitronensaft, Oregano, Salz und Pfeffer unter den Grünkern mischen. Auf den Pilzen verteilen. Sahne würzen und rundum gießen.

3 Die Form in den Backofen auf die mittlere Schiene schieben und die Pilze bei 200 °C (Umluft 180 °C, Gas Stufe 3–4) 40 Minuten backen.

Pro Portion: 1985/474 kJ/kcal
16 g Eiweiß • 35 g Fett
24 g Kohlenhydrate • 18 g Ballaststoffe • 51 mg Cholesterin

Tipp der Köchin

Die Hüte der Austernpilze sollten glatt und gleichmäßig gefärbt sein. Sie sind leicht verderblich und sollten daher schnell verbraucht werden. In einer Papiertüte bleiben sie einige Tage im Kühlschrank frisch.

Das feine Aroma der Austernpilze harmoniert gut mit dem würzigen Schafskäse und dem scharfen Knoblauch.

Für Gäste

Gemüsepastete

Bei der Teigzubereitung immer nur tropfenweise Wasser zu der Mischung aus Mehl, Salz und Butter geben und unterarbeiten. Es soll ein gut formbarer Teig entstehen, der nicht an den Fingern klebt.

Für 8 Portionen
450 g Dinkelmehl
1 TL Salz
200 g weiche Butter
300 g Kürbis
300 g Zucchini
250 g Kohlrabi
1 Schalotte
3 Knoblauchzehen
1 kleine grüne Chilischote
2 Scheiben Vollkorntoastbrot
Schale und Saft von
1/2 unbehandelten Zitrone
2 Eier
250 g Joghurt
1 TL gemahlener Kreuzkümmel
Salz, 1/2 TL getrockneter Majoran
Außerdem:
Butter für die Form
1 EL Milch zum Bestreichen

Zucchini und Kürbis, beides sehr wasserhaltige Gemüsesorten, sorgen dafür, dass die Gemüsepastete schön saftig wird.

160 Minuten

1 Mehl, Salz, Butter und 2 Esslöffel Wasser mit den Knethaken eines Handrührgerätes vermischen. Mit den Händen rasch zusammenkneten, dabei tropfenweise weitere 2 bis 3 Esslöffel Wasser hinzufügen.

2 Kastenform von 26 Zentimeter Länge einfetten. Den Teig etwa 4 Millimeter dick ausrollen. Mit der Form die Maße markieren, den Teig jeweils etwas größer ausschneiden und die Form damit auslegen. Teigreste erneut ausrollen, den Pastetendeckel ausschneiden.

3 Kürbis, Zucchini und Kohlrabi putzen, schälen und klein schneiden. Schalotte und Knoblauch abziehen und fein würfeln. Chilischote putzen und die Samen entfernen. Brot würfeln. Diese Zutaten mit Zitronenschale und -saft portionsweise im Blitzhacker pürieren.

4 Die Eier trennen. Eigelb, Joghurt, Kreuzkümmel, Salz und Majoran unter das Püree mischen. Eiweiß zu Eischnee steif schlagen und unter die Gemüsemasse ziehen. Füllung in die Form geben und glatt streichen.

5 Den Teigdeckel auflegen, leicht andrücken, mit Milch bestreichen. In die Mitte ein Loch schneiden und mit Teigrosetten garnieren; durch diesen Kamin entweicht Dampf. Den restlichen Teig beliebig formen und auf dem Deckel andrücken.

6 Pastete in den kalten Backofen auf die mittlere Schiene stellen. Bei 200 °C (Umluft 180 °C, Gas Stufe 2–3) 20 Minuten backen. Auf 180 °C (Umluft 160 °C, Gas Stufe 1–2) zurückschalten und in etwa 1 Stunde fertig backen, bis sie gebräunt ist.

Pro Portion: 1984/474 kJ/kcal
11 g Eiweiß • 26 g Fett
48 g Kohlenhydrate • 5 g Ballaststoffe • 124 mg Cholesterin

Rauke oder Rucola hat einen sehr würzigen Geschmack und wird in Gemüseläden und Supermärkten über viele Monate des Jahres angeboten.

Zu diesem feinen Gericht passt sehr gut eine Joghurtsauce mit geraspelten Gurken.

Klassiker

Kräuterschnitten mit Tomatensalat

Für 4 Portionen

Schnitten:

1 Bund Grüne-Sauce-Kräuter
60 g Hirse
50 g Butter
4 Eier
100 g Dinkelmehl
2 EL geriebener Parmesankäse
Salz, weißer Pfeffer

Salat:

4 Fleischtomaten
1 Bund Rucola
2 EL Balsamessig
5 EL Olivenöl

60 Minuten

1 Die Kräuter waschen, trocknen und ganz fein zerkleinern. Die Hirse fein mahlen. Die Butter in einer kleinen Pfanne zerlassen und wieder lauwarm abkühlen lassen.

2 Die Eier trennen. Eiweiß zu Eischnee sehr steif schlagen. Abwechselnd Eigelbe und esslöffelweise die flüssige Butter unter den Eischnee rühren.

3 Hirse, Dinkelmehl, Käse und Kräuter vermischen, mit Salz und Pfeffer würzen. Die Mischung mit einem Schneebesen vorsichtig unter den Eischnee ziehen.

4 Ein Backblech mit Pergamentpapier auslegen und dieses einfetten. Den Teig darauf glatt streichen. In den kalten Backofen auf die mittlere Schiene stellen und die Teigplatte bei 180 °C (Umluft 160 °C, Gas Stufe 2–3) etwa 25 Minuten backen.

5 Für den Salat die Tomaten waschen, Stielansätze entfernen und das Fruchtfleisch würfeln. Rucola waschen, trocknen und in Streifen schneiden. Beide Zutaten mit Essig, Öl, Salz und Pfeffer mischen.

6 Die Hirseschnitten aus dem Backofen nehmen und einige Minuten ruhen lassen. In Stücke schneiden und heiß zum Salat servieren.

Pro Portion: 2209/527 kJ/kcal
16 g Eiweiß • 37 g Fett
32 g Kohlenhydrate • 3 g Ballaststoffe • 262 mg Cholesterin

Für Gäste

Quark-Käse-Auflauf mit Grünkern

Für 3 Portionen
1 kleine Zwiebel
1 TL Öl
50 g Grünkernschrot
1 TL Gemüsebrühe (Instant)
100 g Spinat
4 Eier
200 g Magerquark
Salz, Cayennepfeffer
1/2 TL gemahlener Kümmel
100 g Sahne
50 g geriebener Parmesan
Außerdem:
Butter oder Pflanzenmargarine für die Form

100 Minuten

1 Die Zwiebel abziehen und fein zerkleinern. Das Öl in einem Topf erhitzen und die Zwiebelwürfel mit dem Grünkernschrot darin anbraten.

2 1/4 Liter Wasser mit dem Brüheextrakt einrühren. Alles zum Kochen bringen und der Schrot zugedeckt bei schwächster Hitze 10 Minuten garen. Den Topf von der Kochstelle nehmen und den Grünkernbrei lauwarm abkühlen lassen.

3 Spinat waschen, trocknen und ganz fein hacken. Die Eier trennen. Zuerst nacheinander die Eigelbe, dann esslöffelweise den Quark und zum Schluss den Spinat unter den Grünkernbrei rühren, würzen.

4 Eiweiß zu Eischnee steif schlagen. Sahne steif schlagen. Beides auf den Teig geben und etwa die Hälfte des Parmesans darüber streuen. Alles mit einem Kochlöffel vermischen.

5 Eine hohe Auflaufform von etwa 1 1/2 Liter Inhalt einfetten und mit dem restlichen Käse ausstreuen. Die Masse darin glatt streichen.

6 Den Auflauf in den kalten Backofen auf die untere Schiene stellen und bei 180 °C (Umluft 160 °C, Gas Stufe 2–3) etwa 50 Minuten backen, bis die Oberfläche leicht gebräunt ist.

Pro Portion: 1766/422 kJ/kcal
28 g Eiweiß • 28 g Fett
15 g Kohlenhydrate • 2 g Ballaststoffe • 346 mg Cholesterin

Frischen Schrot bekommen Sie auch in Reformhäusern und Bioläden.

Tipp der Köchin

Da roher Schrot unverdaulich ist, muss er vor dem Verzehr in etwas Wasser oder anderer Flüssigkeit ausquellen. Rühren Sie den Schrot beim Garen häufig um, damit er nicht zu stark am Boden des Topfes anliegt. Nach dem Garen den geschlossenen Topf kurz in kaltes Wasser zu tauchen; so löst sich der Schrot gut vom Topfboden.

Tiefgefrorener Blattspinat enthält ebenso viele Vitamine und Mineralstoffe wie frischer. Dies sind vor allem: Vitamin K, Beta-Karotin, Kalium und Kalzium. Das Provitamin A, das Beta-Karotin, verleiht dem Spinat seine grüne Farbe.

Bodenständig

Wirsingstrudel

Während des Backens die Strudel 2- bis 3-mal mit flüssiger Butter und der sich am Boden der Form sammelnden Flüssigkeit einstreichen. So werden die Strudel braun und knusprig.

Für 5 Portionen
Teig:
300 g Dinkelmehl
Salz, 8 EL Sonnenblumenöl
Füllung:
300 g Rahmwirsing, tiefgekühlt
500 g mehlig kochende Kartoffeln
50 g Greyerzer Käse
75 g Nusskerne
1 Zwiebel, 1 Knoblauchzehe
100 g saure Sahne
3 EL gehackte Petersilie
1 TL gemahlener Koriander
Salz, frisch geriebene Muskatnuss
Cayennepfeffer
2 EL Sonnenblumenöl
flüssige Butter

170 Minuten

Sonnenblumenöl ist reich an den wertvollen mehrfach ungesättigten Fettsäuren.

1 Mehl, Salz, Öl und 150 Milliliter lauwarmes Wasser zu einem glatten Teig kneten. Unter einer angewärmten Schüssel ruhen lassen.

2 Wirsing auftauen lassen. Kartoffeln schälen, würfeln und weich kochen. Abgießen, zerdrücken und unter den Wirsing mischen. Käse reiben, Nüsse hacken. Zwiebel und Knoblauch abziehen und zerkleinern. Unter die Kartoffeln mischen. Sahne und Petersilie unterheben, würzen.

3 Auflaufform fetten. Den Teigkloß in 5 Stücke schneiden. Jedes Stück auf wenig Mehl so dünn wie möglich ausrollen und nur rundherum an den dickeren Rändern mit den Fingerspitzen vorsichtig ausziehen.

4 Teigstücke mit Öl bestreichen und mit der Kartoffelmischung belegen. Dabei 2 Zentimeter Rand frei lassen. Erst die beiden Schmalseiten, dann die Längsseiten des Teigstückes über der Füllung falten. Päckchen dachziegelförmig in die Form legen. Mit Butter bepinseln.

5 Strudel in den kalten Backofen auf die mittlere Schiene stellen und bei 200 °C (Umluft 180 °C, Gas Stufe 3–4) etwa 40 Minuten backen.

Pro Portion: 2966/708 kJ/kcal
15 g Eiweiß • 46 g Fett
59 g Kohlenhydrate • 8 g Ballaststoffe • 37 mg Cholesterin

Für Gäste

Käsesoufflé mit Kräutern

Für 4 Portionen
1/4 l Milch
50 g Butter oder Pflanzenmargarine
Salz, Cayennepfeffer, Muskatnuss
150 g Dinkelvollkornmehl
4 Eier, 75 g Greyerzer
1/2 Bund gemischte frische Kräuter
1/2 TL Backpulver

105 Minuten

Das luftig-leichte Käsesoufflé schmeckt am besten, wenn Sie frische Kräuter verwenden.

1 Milch, Fett, Salz, Cayennepfeffer und Muskatnuss aufkochen, bis das Fett geschmolzen ist. Das Mehl auf einmal hineinschütten und rühren, bis sich der Teig zu einem Kloß ballt und sich am Boden des Topfes eine weiße Schicht bildet.

2 Den Teig in eine Rührschüssel geben, 1 Ei mit den Knethaken des Handrührgerätes untermischen. Teig abkühlen lassen.

3 Käse fein reiben. Kräuter waschen, trocknen und ganz fein zerkleinern.

4 Nacheinander 1/3 der Käsemenge, die restlichen Eier und mit dem letzten Ei das Backpulver und die Kräuter unter den Teig mischen.

5 Eine hohe ofenfeste Form fetten und mit 2/3 des Käses ausstreuen. Teig einfüllen und mit dem restlichen Käse bestreuen. Das Soufflé in den kalten Backofen auf die untere Schiene schieben und bei 180 °C (Umluft 160 °C, Gas Stufe 2–3) etwa 45 Minuten backen, bis es hoch aufgegangen, an der Oberfläche eingerissen und gleichmäßig braun ist.

Pro Portion: 1829/437 kJ/kcal
19 g Eiweiß • 28 g Fett
27 g Kohlenhydrate • 3 g Ballaststoffe • 283 mg Cholesterin

Die wertvollen Inhaltsstoffe von Dinkelbulgur werden durch Wasser und Wärme aufgeschlossen und dadurch für den Körper verfügbar gemacht.

Bodenständig

Gefüllte Zwiebeln mit Dinkelbulgur

Für 6 Portionen
6 große Zwiebeln
Füllung:
100 g Dinkelbulgur
Salz
2 Knoblauchzehen
2 kleine Zucchini
4 EL Olivenöl
500 g passierte Tomaten (Dose oder Packung)
1 EL Kräuter der Provence (tiefgekühlt)
50 g Butter
Sauce:
1 Möhre
1 Prise Zucker
1 EL Mehl
100 g Gratinkäse

90 Minuten

1 Bulgur mit 200 Milliliter Wasser und Salz aufkochen und zugedeckt bei schwacher Hitze 20 Minuten garen. In ein Sieb abgießen.

2 Zwiebeln abziehen, vom Wurzelansatz so viel abschneiden, dass sie aufrecht stehen. Den Stielansatz als Deckel abschneiden. Das Zwiebelinnere so herauslösen, dass nur 2 dicke Außenhäute übrig bleiben, und fein hacken.

Die gefüllten Zwiebeln mit Dinkelbulgur kann man gut vorbereiten. Sie schmecken immer noch phantastisch gut.

3 Knoblauch schälen und fein zerkleinern. Zucchini waschen und würfeln. 3 Esslöffel Öl erhitzen und die Hälfte der Zwiebelwürfel und den Knoblauch darin bei mittlerer Hitze etwa 3 Minuten dünsten. Etwa 2/3 der passierten Tomaten zugeben und bei starker Hitze dickflüssig einkochen lassen. Alles in eine Schüssel geben, mit dem Bulgur und den Kräutern mischen und salzen.

4 Salzwasser aufkochen und die ausgehöhlten Zwiebeln darin knapp 3 Minuten blanchieren. Mit einem Schaumlöffel herausnehmen und mit der Öffnung nach unten auf ein Küchentuch zum Austropfen legen. Aufrecht nebeneinander in eine ofenfeste Form setzen, mit der Bulgurmischung füllen und mit Butterflöckchen belegen. Zwiebeln in den kalten Backofen auf die untere Schiene schieben und bei 180 °C (Umluft 160 °C, Gas Stufe 2–3) etwa 30 Minuten backen.

5 Möhre schälen und würfeln. Restliches Öl erhitzen, Möhren- sowie die restlichen Zwiebelwürfel darin andünsten. Zucker und Mehl unter Rühren einstreuen, kurz anbraten.

6 Restliche Tomaten zugeben. Sauce aufkochen und zugedeckt bei schwacher Hitze 15 Minuten garen. Über die Zwiebeln gießen, den Käse darüber streuen. Die Zwiebeln weitere 15 Minuten backen, bis sie eine goldbraune Kruste haben.

Pro Portion: 1612/385 kJ/kcal
13 g Eiweiß • 21 g Fett
34 g Kohlenhydrate • 9 g Ballaststoffe • 40 mg Cholesterin

Bodenständig

Gratinierte Hirsepfannkuchen

Tomaten zum Pürieren muss man nicht abziehen. Im Gegenteil, Schale und Samen verleihen dem Püree sogar noch mehr Aroma. Das Püree sollte dann allerdings durch ein Sieb gestrichen werden.

Für 4 Portionen
50 g Hirseflocken
50 g Weizenvollkornmehl
2 Eier
1/4 l Milch
Salz
Füllung:
1 kleiner Weißkohl (ca. 1 kg)
2 Zwiebeln
30 g Butter oder Pflanzenmargarine
50 g Sonnenblumenkerne
2 EL Crème fraîche
1/2 TL Kreuzkümmel
3 EL Öl
50 g Edelpilzkäse
50 g Gratinkäse
Sauce:
2 Fleischtomaten
1 EL Olivenöl
Salz, frisch gemahlener Pfeffer
1 Bund Schnittlauch

Ihr typisches Aroma verdankt die Hirse ihrem hohen Gehalt an Kieselsäure, ein Mineralstoff, der den Cholesterinspiegel und den Knochenaufbau positiv beeinflusst.

60 Minuten

1 Hirse, Mehl, Eier, Milch und Salz zu einem Teig verrühren und ruhen lassen.

2 Für die Sauce die Tomaten waschen. Eine pürieren und mit Öl, Salz und Pfeffer verrühren. Die zweite Tomate überbrühen, abziehen und fein würfeln. Den Schnittlauch waschen, trocknen und in Röllchen schneiden. Mit den Tomatenwürfel unter das Püree mischen.

3 Den Kohl putzen, vierteln, den Strunk entfernen, die Blätter waschen und in feine Streifen schneiden. Die Zwiebeln abziehen und würfeln. Das Fett erhitzen und Zwiebelwürfel und Sonnenblumenkerne darin 5 Minuten anbraten. Kohl zugeben, kräftig anbraten und bei schwacher Hitze 5 Minuten dünsten. Crème fraîche unterrühren und mit Salz und Kreuzkümmel würzen.

4 Backofengrill oder Backofen auf höchster Stufe vorheizen.

5 Das Öl erhitzen und aus dem Hirseteig nacheinander vier Pfannkuchen backen. Jeweils mit der Kohlmischung füllen und aufrollen.

6 Die Pfannkuchenrollen in eine flache ofenfeste Form legen. Beide Käsearten zerkleinern und auf dem Gratin verteilen. Unter dem Grill oder im Backofen etwa 3 Minuten überbacken, bis der Käse leicht gebräunt ist. Die Tomatensauce dazu servieren.

Pro Portion: 2525/616 kJ/kcal
23 g Eiweiß • 40 g Fett
36 g Kohlenhydrate • 10 g Ballaststoffe • 177 mg Cholesterin

Klassiker

Weizengratin

Für 4 Portionen

100 g grob geschroteter Weizen
1 TL Gemüsebrühe (Instant)
Pfeffer
frisch geriebene Muskatnuss
1 Zwiebel
1 Knoblauchzehe
1 Bund Petersilie
3 Zweige Thymian
50 g Pflanzenmargarine
2 EL frisch geriebener Emmentaler
4 Eier

Außerdem:

Fett für die Form

60 Minuten

1 Schrot, 200 Milliliter Wasser und Gemüsebrüheextrakt aufkochen und zugedeckt bei schwächster Hitze 10 Minuten garen. Dabei häufig umrühren, damit der Schrot möglichst nicht anliegt. Schrot lauwarm abkühlen lassen. Mit Pfeffer und Muskatnuss würzen.

2 Zwiebel und Knoblauch abziehen und fein würfeln. Petersilie waschen, trocknen und fein hacken. Thymianblättchen abzupfen. Die Margarine zerlassen, aber nicht bräunen, und wieder lauwarm abkühlen lassen. Den Käse mit Pfeffer und Muskatnuss würzen.

3 Die Eier trennen. Eiweiß mit den Quirlen des Handrührgerätes sehr steif schlagen. Auf der niedrigsten Schaltstufe nacheinander die Eigelbe, esslöffelweise den Schrot und die flüssige Margarine darunter rühren. Zum Schluss Zwiebel, Knoblauch, Kräuter und Käse untermischen.

4 Eine Gratinform mit niedrigem Boden fetten. Den Teig darin glatt streichen. Das Gratin in den Backofen auf die mittlere Schiene schieben und bei 180 °C (Umluft 160 °C, Gas Stufe 2–3) etwa 25 Minuten backen.

Pro Portion: 1233/301 kJ/kcal
15 g Eiweiß • 21 g Fett
17 g Kohlenhydrate • 3 g Ballaststoffe • 242 mg Cholesterin

Tipp der Köchin

Das Gratin schmeckt bestens mit einem frischen Salat, zum Beispiel aus Tomaten und Rauke.

Thymian wird in vielen gut sortierten Supermärkten in einem Kräutertopf angeboten. So kann man ihn auf die Fensterbank stellen und frisch nach Bedarf ernten.

Solch ein Gratin lässt sich auch gut mit Dinkel zubereiten. Wenn nach dem Essen etwas übrig bleibt, kann man das Gratin auch abkühlen lassen, in kleine Würfel schneiden und als Einlage in klarer Brühe servieren.

Die Törtchen werden zunächst vorgebacken, damit der Teig auch richtig gart. Dieser Vorgang wird auch als Blindbacken bezeichnet. Es empfiehlt sich, die Teigstücke vorher mit Pergamentpapier auszulegen und mit rohen Bohnen zu beschweren, damit der Teig beim Backen seine schöne Form behält.

Weißkohl, die Grundlage für Sauerkraut, ist wie alle Kohlsorten reich an Vitamin C und Folsäure.

Raffiniert

Roggentörtchen mit Sauerkraut

Für 6 Stück

Teig:

- 300 g Roggenvollkornmehl
- 1 Prise Salz
- 150 g weiche Butter oder Pflanzenmargarine
- 1 EL Zitronensaft
- 4–5 EL kaltes Wasser

Belag:

- 500 g Sauerkraut
- 1 Zwiebel
- 2 EL Öl
- 1–2 EL Fenchelsamen
- 100 g Crème fraîche, Salz
- 1 EL gehackte Petersilie
- 50 g mittelalter Gouda

100 Minuten

1 Mehl, Salz, Fett, Zitronensaft und 4 Esslöffel Wasser zu einem Teig verkneten. Falls er bröckelt, tropfenweise das restliche Wasser darunter kneten, bis er glatt ist. 6 Obstkuchenförmchen von je 12 Zentimeter Durchmesser damit auslegen. Teig mehrmals einstechen und 60 Minuten kühlen.

2 Das Sauerkraut fein zerschneiden. Die Zwiebel abziehen und fein hacken. Das Öl in einer Pfanne erhitzen und die Zwiebelwürfel darin bei schwacher Hitze glasig braten. Sauerkraut, Fenchel und Crème fraîche untermischen, salzen und alles bei mittlerer Hitze unter Rühren 5 Minuten schmoren. Die Sauerkrautmischung abkühlen lassen. Die Petersilie untermischen. Den Käse reiben.

3 Die unbelegten Törtchen in den kalten Backofen auf die mittlere Schiene stellen und bei 200 °C (Umluft 180 °C, Gas Stufe 3–4) 10 Minuten vorbacken. Das Sauerkraut darauf verteilen, mit dem Käse bestreuen. Die Törtchen weitere 20 bis 30 Minuten backen.

Pro Portion: 2063/503 kJ/kcal
9 g Eiweiß • 35 g Fett
32 g Kohlenhydrate • 7 g Ballaststoffe • 69 mg Cholesterin

Klassiker

Buchweizenauflauf mit Zucchini

Für 4 Portionen

- 3 kleine Zucchini
- 4 Frühlingszwiebeln
- 3 EL Öl
- 250 g Buchweizenkörner
- 1/2 l Gemüsebrühe (Instant)
- 1 TL getrockneter Oregano
- Salz, Cayennepfeffer
- 3 mittelgroße Tomaten
- 150 g weicher Schafskäse

60 Minuten

1 Gemüse putzen, Zucchini würfeln, Frühlingszwiebeln in Ringe schneiden. 2 Esslöffel Öl erhitzen und das Gemüse darin in 5 Minuten leicht braun braten.

2 Das restliche Öl separat erhitzen und den Buchweizen darin anrösten. Brühe zugießen, aufkochen und den Buchweizen zugedeckt bei mittlerer Hitze in etwa 10 Minuten garen.

3 Buchweizen, Gemüse und Oregano vermengen und würzen. In eine feuerfeste Form geben. Tomaten abziehen, in Scheiben schneiden, auf den Buchweizen legen. Mit zerkrümeltem Käse bestreuen.

4 Auflauf in den kalten Backofen auf die untere Schiene stellen und bei 200 °C (Umluft 180 °C, Gas Stufe 3–4) etwa 30 Minuten backen, bis der Käse goldbraune Spitzen hat.

Pro Portion: 1704/416 kJ/kcal
16 g Eiweiß • 17 g Fett
49 g Kohlenhydrate • 6 g Ballaststoffe • 14 mg Cholesterin

Tipp der Köchin

Statt Zucchini können Sie auch anderes Gemüse wie Paprikaschoten für diesen Auflauf verwenden.

Den Buchweizenauflauf mit Zucchini können Sie ruhig kräftig mit Oregano würzen, denn die Getreidekörner schlucken viel Würze.

Haupt-gerichte

Mittelpunkt vieler Mahlzeiten ist das Hauptgericht. Für die tägliche Ernährung sollte es aus einer ausgewogenen Mischung aus Kohlenhydraten, Eiweiß und Fett in Maßen bestehen. Getreideprodukte und Gemüse machen Gerichte ballaststoffreich, so dass sie gut sättigen. Sahne, Käse und Kräuter ergänzen sie, nicht nur aus kulinarischer, sondern auch aus ernährungswissenschaftlicher Sicht.

Rohe Getreidegrütze muss lange quellen, damit sie gut verdaulich ist. Eingeweichte und getrocknete Thermogrütze aus dem Naturkostladen oder Reformhaus ist schneller zubereitet.

Tipp der Köchin

Als Variante können Sie Spinat-Bulgur mit Krabben zubereiten und mit Knoblauch, Minze und Zitronensaft würzen.

Austernpilze haben ein noch feineres Aroma als Champignons oder Egerlinge.

Kalorienarm

Pikante Dinkelgrütze mit Kräutern

Für 4 Portionen

250 g grobe Dinkelgrütze
1 kleine Zwiebel, 1 EL Öl
Salz
1 Tomate
1 EL gemischte, gehackte Kräuter
3 EL Sahne

90 Minuten

1 Grütze mit 1/2 Liter Wasser begießen, 1 Stunde quellen lassen.

2 Zwiebel fein hacken und in heißem Öl glasig braten. Die Grütze mit dem Wasser zufügen, salzen. Aufkochen, zugedeckt bei schwacher Hitze 20 Minuten garen.

3 Tomate überbrühen, abziehen und klein würfeln. Mit Kräutern und Sahne unter die heiße Grütze mischen und noch einmal erhitzen.

Pro Portion: 1107/264 kJ/kcal
7 g Eiweiß • 8 g Fett
41 g Kohlenhydrate • 6 g Ballaststoffe • 11 mg Cholesterin

Gelingt leicht

Bulgur mit Pilzen und Zucchini

Für 2 Portionen

125 g Dinkelbulgur
3/8 l Gemüsebrühe
1 kleine Zwiebel
1 mittelgroße Zucchini
150 g Austernpilze
3 EL Olivenöl
Kräutersalz, Cayennepfeffer

30 Minuten

1 Bulgur mit Brühe aufkochen und zugedeckt bei schwacher Hitze 2 Minuten garen. Ausschalten und 20 Minuten ausquellen lassen.

2 Zwiebel abziehen, fein hacken. Zucchini putzen, klein würfeln. Pilze putzen und in Streifen schneiden. Öl erhitzen und Zwiebeln glasig dünsten. Pilze und Zucchini zugeben und weitere 10 Minuten schmoren. Mit Kräutersalz und Pfeffer würzen. Zum Dinkelbulgur servieren.

Pro Portion: 1775/423 kJ/kcal
11 g Eiweiß • 23 g Fett
43 g Kohlenhydrate
12 g Ballaststoffe
0 mg Cholesterin

Bodenständig

Amaranth mit Gemüse

Für 4 Portionen
300 g Amaranthkörner
Salz, 1 dicke Stange Porree
2 kleine Zucchini, 2 Möhren
2 Tomaten, 1 Bund Basilikum
3 EL Öl, 2 EL Sahne
Cayennepfeffer

50 Minuten

1 Amaranth in 900 Milliliter Salzwasser aufkochen. Zugedeckt 30 Minuten garen. Porree in feine Ringe, Zucchini in dünne Stifte schneiden. Möhren grob raspeln. Tomaten überbrühen, abziehen und würfeln. Basilikum fein hacken.

2 Öl erhitzen und Porree, Zucchini und Möhren kräftig anbraten. Amaranth zugeben und bei mittlerer bis schwacher Hitze unter häufigem Rühren etwa 5 Minuten schmoren.

3 Tomaten und Sahne zugeben. Mit Salz und Cayennepfeffer würzen. Basilikum untermischen.

Pro Portion: 1382/337 kJ/kcal
14 g Eiweiß • 8 g Fett
47 g Kohlenhydrate • 5 g Ballaststoffe • 7 mg Cholesterin

Kaum jemand wird bei diesem herzhaften Amaranthgericht mit Gemüse das Fleisch vermissen.

Raffiniert

Dinkelrisotto mit Roter Bete

Der Begriff Risotto stammt aus Italien. Er bezeichnet ein typisches Gericht, bei dem Reis gekocht wird und dabei immer nur so viel Flüssigkeit zugeführt bekommt, dass die Zutaten gerade eben bedeckt sind.

Für 4 Portionen

- 200 g Dinkelkörner
- 400 ml kräftige Gemüsebrühe
- 8 kleine Rote-Bete-Knollen
- 250 g Joghurt
- Salz, Cayennepfeffer
- 2 dünne Stangen Porree
- 1 Knoblauchzehe
- 1 EL Crème fraîche
- weißer Pfeffer
- 2 EL gehackte Petersilie

140 Minuten

Rote Bete bekommen ihre charakteristische Farbe durch Anthozyane, natürliche Farbstoffe, die unser Immunsystem stärken und vermutlich vor Krebs schützen.

1 Den Dinkel mit der Gemüsebrühe zum Kochen bringen und zugedeckt bei schwacher Hitze 1 Stunde garen. Die Kochstelle abschalten und den Dinkel darauf 1 weitere Stunde ausquellen lassen.

2 Die Rote-Bete-Knollen waschen, auf ein Backblech legen und in den kalten Backofen auf die mittlere Schiene stellen. Bei 180 °C (Umluft 160 °C, Gas Stufe 2–3) etwa 1 Stunde backen, bis sie weich sind.

3 Joghurt mit Salz und Cayennepfeffer würzen und bis zum Servieren in den Kühlschrank stellen.

4 Porree waschen, putzen und mit den saftigen grünen Blättern in feine Ringe schneiden. Knoblauch abziehen und hacken.

5 Porree, Knoblauch und Crème fraîche unter den gegarten Dinkel mischen, einmal aufkochen und mit Salz und Pfeffer würzen.

6 Jede Rote-Bete-Knolle vierteln und mit dem Dinkel anrichten. Die Petersilie über den Dinkel streuen und den gewürzten Joghurt dazu servieren.

Pro Portion:
1571/375 kJ/kcal
14 g Eiweiß • 7 g Fett
62 g Kohlenhydrate
13 g Ballaststoffe
12 mg Cholesterin

Tipp der Köchin

Je höher der Fettgehalt des Joghurts ist, desto cremiger wird die Sauce zu dem Dinkelrisotto sein.

Gut vorzubereiten

Kohlrouladen mit Grünkernschrot

Zum Servieren die Rouladen auf vorgewärmten Tellern anrichten, mit der Sauce umgießen und mit den restlichen Kräutern bestreuen.

Für 6 Portionen

200 g Grünkernschrot
2 TL Gemüsebrühe (Instant)
600 g Tomaten
1 Zwiebel
1 Bund Petersilie
4 Salbeiblätter
4 EL geriebener Käse
weißer Pfeffer
geriebene Muskatnuss
1 Weißkohl (ca. 1 kg)
Salz
2 EL Öl
1/2 l Gemüsebrühe
150 g Sahne
1 TL Mehl

60 Minuten

Das herbe, kräftige Aroma von frischem Salbei entwickelt sich am besten beim Mitkochen oder Mitbraten.

1 Für die Füllung den Schrot mit 400 Millilitern heißem Wasser und Brüheextrakt verrühren und 10 Minuten zugedeckt quellen lassen. Die Tomaten überbrühen, abziehen und würfeln. Zwiebel abziehen und hacken. Kräuter hacken. Den Grünkern mit einem Drittel der Tomaten, der Hälfte der Kräuter und der Hälfte des Käses vermischen. Mit Pfeffer und Muskatnuss würzen.

2 Den Kohl putzen, äußere Blätter entfernen und den Strunk herausschneiden. In sprudelnd kochendem Wasser 5 bis 6 Minuten blanchieren, bis die äußeren Blätter so weich sind, dass man sie ablösen und aufrollen kann. Kohl herausnehmen, 12 Blätter ablösen, den Rest weitere 5 Minuten garen. Herausnehmen, abtropfen lassen, fein zerkleinern und unter die Grütze mischen.

3 Die dicken Rippen der abgelösten Kohlblätter flach schneiden. 6 größere Blätter auf der Arbeitsfläche ausbreiten und die restlichen Kohlblätter darauf legen. Salzen. Die Füllung darauf verteilen, die Blätter seitlich einschlagen, wie Rouladen aufrollen und mit Garn umbinden.

4 Öl in einem Schmortopf erhitzen und die Rouladen bei mittlerer Hitze anbraten. Die restlichen Tomaten und die Brühe zugeben. Die Rouladen im offenen Topf in den kalten Backofen auf die untere Schiene schieben und bei 190 °C (Umluft 170 °C, Gas Stufe 2–3) 30 Minuten garen, bis sie leicht gebräunt sind.

5 Schmorflüssigkeit auffangen. Rouladen mit restlichem Käse bestreuen und kurz überbacken. Sahne mit Mehl verrühren und bei starker Hitze in die Flüssigkeit rühren, bis die Sauce cremig eingekocht ist.

Pro Portion: 1375/328 kJ/kcal
10 g Eiweiß • 18 g Fett
32 g Kohlenhydrate • 8 g Ballaststoffe • 36 mg Cholesterin

Bodenständig

Dinkeleierkuchen mit Porree

Für 4 Portionen

100 g Dinkelvollkornmehl
Salz
2 Eier
2 Zwiebeln
4 dicke Porreestangen
4 EL Sonnenblumenöl
1 EL Butter
125 g Sahne
frisch gemahlener Pfeffer
2 EL Zitronensaft
1/2 TL Kreuzkümmel (Kumin)
1 EL gemischte Kräuter (tiefgekühlt)

45 Minuten

1 Das Mehl in eine Rührschüssel geben und leicht salzen. 1/4 Liter Wasser und die Eier zugeben und mit den Quirlen eines Handrührgerätes schnell zu einem glatten Teig rühren. Den Teig zugedeckt ruhen lassen, bis die anderen Zutaten vorbereitet sind.

2 Die Zwiebeln abziehen und fein zerkleinern. Den Porree waschen, putzen und mit dem Grün in dünne Ringe schneiden.

3 In einer Pfanne das Öl portionsweise erhitzen und den Teig nacheinander zu 8 Eierkuchen ausbacken. Im Backofen warm halten.

4 Die Butter in einer anderen Pfanne zerlassen und die Zwiebeln bei schwacher Hitze darin glasig braten. Den Porree zugeben und unter Rühren 5 Minuten mitbraten. Die Sahne zugießen, einmal aufkochen und das Gemüse 5 Minuten garen. Mit Salz, Pfeffer, Zitronensaft und Kreuzkümmel würzen.

5 Das Gemüse auf vorgewärmten Tellern verteilen und mit den Kräutern bestreuen. Die Eierkuchen zusammengeklappt daneben anrichten.

Pro Portion: 1647/393 kJ/kcal
10 g Eiweiß • 29 g Fett
23 g Kohlenhydrate • 6 g Ballaststoffe • 151 mg Cholesterin

Tipp der Köchin

Sie können das Gemüse auch schärfer würzen, etwa mit einer Chilischote.

Beim Zubereiten des Porrees ist es wichtig, zuerst die einzelnen Schichten auseinanderzutrennen, diese zu waschen und den Porree erst dann klein zu schneiden. So werden nicht unnötig viele Vitamine und Mineralien ausgespült.

Ein Tee aus 1 Teelöffel Kreuzkümmelsamen pro Tasse Wasser wirkt entwässernd, beruhigend und verdauungsfördernd.

Der würzige, süßlich-herbe Geschmack des Grünkohls entfaltet sich erst so richtig nach dem ersten Frost. Denn bei tiefen Temperaturen wird die Stärke in Zucker ungewandelt.

Klassiker

Weizen-Hirse-Frikadellen

Für 4 Portionen

- 150 g Hirse
- 1 kg Grünkohl
- 2 Möhren
- 1 kleine Zwiebel
- 1 Bund Petersilie
- 100 g Emmentaler
- 150 g Weizenmehl
- 3 Eier
- Salz, weißer Pfeffer
- 4 EL Erdnuss- oder Olivenöl
- 1 Messerspitze Gemüsebrühe (Instant)
- 100 g Sahne
- 1 Bund Schnittlauch
- 50 g Korinthen
- 75 g gehackte Nusskerne
- 1 EL Zitronensaft

75 Minuten

1 Die Hirse mit 450 Milliliter Wasser aufkochen und zugedeckt bei schwacher Hitze 5 Minuten garen. Den Topf von der Kochstelle nehmen. Hirse zugedeckt 15 Minuten quellen und dann im geöffneten Topf abkühlen lassen.

2 In der Zwischenzeit den Grünkohl putzen. Die Blätter von den Stielen streifen, waschen und hacken. Die Möhren schälen und in dünne Stifte schneiden. Alles zugedeckt in einer Schüssel beiseite stellen.

3 Für den Frikadellenteig die Zwiebel abziehen, die Petersilie waschen, trocknen und beides hacken. Den Käse reiben. Alles mit der ausgequollenen Hirse, dem Mehl und den Eiern zu einem Teig mischen. Mit Salz und Pfeffer würzen. Aus dem Teig mit angefeuchteten Händen 12 flache Frikadellen formen.

4 In einer großen Pfanne 1 1/2 Esslöffel Öl erhitzen. Die Hälfte der Frikadellen darin bei schwacher bis mittlerer Hitze in etwa 10 Minuten braten, herausnehmen und im Backofen bei etwa 50 °C zugedeckt warm halten. Die restlichen Frikadellen ebenso braten.

Hirse ist ein Sammelbegriff für verschiedene Grasarten. Im Mittelalter kannte man die Rispen- und Kolbenhirse. Heute gibt es fast nur noch Finger- und Rohrkolbenhirse, die Grundnahrungsmittel in Afrika und Asien ist.

5 Das restliche Öl in einem Topf erhitzen und Grünkohl und Möhren darin bei mittlerer bis starker Hitze unter ständigem Wenden anbraten. 5 Esslöffel Wasser und die Gemüsebrühe darunter mischen. Das Gemüse einmal aufkochen und zugedeckt bei schwacher Hitze in etwa 7 Minuten gerade eben bissfest garen, dabei nach der Hälfte der Garzeit die Sahne darunter mischen.

6 Den Schnittlauch waschen, trocknen und in feine Ringe schneiden. Die Schnittlauchröllchen zusammen mit Korinthen, Nüssen und Zitronensaft unter das Gemüse mischen. Salzen und pfeffern. Zu den Frikadellen servieren.

Pro Portion: 3478/830 kJ/kcal
34 g Eiweiß • 45 g Fett
71 g Kohlenhydrate • 16 g Ballaststoffe • 214 mg Cholesterin

Schmecken auch kalt

Grünkernfrikadellen

Für 4 Portionen

- 1 Zwiebel
- 4 EL Öl
- 200 g Grünkernschrot
- 1 EL Gemüsebrühe (Instant)
- 1/2 Bund Petersilie
- 2 Eier
- weißer Pfeffer
- geriebene Muskatnuss

140 Minuten

1 Die Zwiebel abziehen und fein zerkleinern. 1/2 Esslöffel Öl in einem Topf erhitzen und die Zwiebelwürfel darin bei schwacher Hitze glasig braten. Das Grünkernschrot unter Rühren kurz mitrösten. 3/8 Liter Wasser zugießen, die Gemüsebrühe untermischen, alles aufkochen und das Schrot zugedeckt bei schwacher Hitze 10 Minuten garen. Den Topf zur Seite ziehen und den Brei beim Auskühlen 1 Stunde quellen lassen.

2 Petersilie waschen, trocknen und fein hacken. Mit den Eiern unter den Grünkernbrei mischen und mit Pfeffer und Muskatnuss würzen.

3 Mit angefeuchteten Händen aus dem Teig 12 Frikadellen formen. Das restliche Öl in einer Pfanne erhitzen und die Frikadellen darin portionsweise bei mittlerer bis schwacher Hitze auf der Unterseite etwa 10 Minuten braten, bis sie sich leicht vom Pfannenboden lösen. Wenden und auf der anderen Seite weitere 6 bis 8 Minuten braten. Jeweils herausnehmen, leicht abtropfen lassen und im vorgewärmten Backofen bis zum Servieren warmhalten.

Pro Portion:
1344/328 kJ/kcal
10 g Eiweiß • 18 g Fett
34 g Kohlenhydrate • 5 g Ballaststoffe • 117 mg Cholesterin

Werden die Grünkernfrikadellen in einer beschichteten Pfanne angebraten, braucht man nicht so viel Fett und die Frikadellen hängen nicht an.

Geriebene oder gemahlene Mukatnuss verliert sehr schnell an Aroma. Deshalb sollte das Gewürz am besten immer frisch gemahlen werden.

Klassiker

Gerstenklöße im Gemüsebett

Paprikaflocken gibt es in türkischen Läden. Der grob geschrotete Gewürzpaprika schmeckt viel aromatischer als das Pulver.

Für 4 Portionen

Gerstenklöße:

- 200 g Gerstengrütze
- 1 Zwiebel
- 1 Bund Petersilie
- 2 Eier
- 1 EL Magerquark
- 100 g Weizenvollkornmehl
- 1/2 TL getrockneter Thymian
- Salz
- Cayennepfeffer

Gemüsebett:

- 500 g Tomaten
- 500 g Spinat
- 1 große Zwiebel
- 1 Knoblauchzehe
- 2 EL Olivenöl
- 1 TL gemahlener Kreuzkümmel
- 1 EL Paprikaflocken
- Salz, frisch gemahlener Pfeffer
- 1 EL gehackte Pfefferminze

Auf einem Bett aus Spinat und Tomaten sehen die Gerstenklöße besonders schön aus und schmecken ganz köstlich.

80 Minuten

1 Die Grütze mit 400 Milliliter Wasser aufkochen und zugedeckt bei schwacher Hitze 10 Minuten garen. Den Topf von der Kochstelle nehmen und die Grütze 30 Minuten quellen und abkühlen lassen.

2 Die Zwiebel abziehen, die Petersilie waschen und beides fein hacken. Mit Eiern, Quark, Mehl, Thymian zur Grütze geben. Alles mit Salz und Cayennepfeffer würzen und zu einem Teig verkneten. Mit angefeuchteten Händen 12 Klöße formen.

3 In einem großen Topf Salzwasser zum Kochen bringen. Klöße einlegen, einmal aufkochen und im offenen Topf bei schwacher Hitze etwa 25 Minuten sanft kochen lassen.

4 Tomaten überbrühen, abziehen und grob zerkleinern. Spinat verlesen, waschen und grob zerkleinern. Zwiebel und Knoblauch abziehen und hacken. Öl erhitzen und Zwiebel und Knoblauch darin bei mittlerer Hitze glasig braten. Spinat zufügen und kurz mitbraten. Kreuzkümmel, Paprikaflocken, Salz und Tomaten zugeben und aufkochen. Gemüse zugedeckt bei mittlerer bis schwacher Hitze etwa 5 Minuten garen.

5 Das Gemüse auf Tellern anrichten, die Klöße darauf setzen, Pfeffer aus der Mühle darüber mahlen und alles mit Minze garnieren.

Pro Portion: 1786/436 kJ/kcal
20 g Eiweiß • 12 g Fett
55 g Kohlenhydrate
13 g Ballaststoffe
176 mg Cholesterin

Naturreiskörner sind noch von der kernigen Fruchtschale umgeben, weshalb sie ungefähr doppelt so lange zum Garen brauchen wie weißer Reis. Viel schneller gart Naturreis aus dem Kochbeutel, den Sie im Supermarkt bekommen. Der Reis ist in 25 Minuten gar, wird dabei gleichmäßig körnig und nie matschig.

Den stärksten Geschmack entfaltet Ingwer, wenn man ihn am Ende des Garprozesses zugibt; kocht er lange mit, ergibt er eine feinere Würze.

Exotisch

Naturreis mit Ingwer und Bananen

Für 3 Portionen

200 g Dickmilch
1 TL Zitronensaft
Salz, Cayennepfeffer
4 Stängel Koriandergrün oder Dill
1 Zwiebel
1 Knoblauchzehe
1 großes Stück frischer Ingwer
2 Beutel Schnellkoch-Naturreis
2 EL Butter oder Pflanzenmargarine
600 g gemischtes TK-Gemüse
1–2 TL Currypulver
1/8 l Gemüsebrühe
4 feste Bananen
2 EL Kürbiskerne
1 EL gemischte Kräuter (tiefgekühlt)

45 Minuten

1 Für die Sauce die Dickmilch mit Zitronensaft, Salz und Cayennepfeffer verrühren. Koriander oder Dill waschen, trocknen, ganz fein schneiden und untermischen.

2 Zwiebel und Knoblauch abziehen und fein hacken. Ingwer schälen und zuerst in Scheiben, dann in hauchfeine Streifen schneiden.

3 Den Reis nach Packungsangabe in sprudelndem Salzwasser garen.

4 Die Hälfte vom Fett erhitzen und Zwiebel, Knoblauch, Ingwer und das gefrorene Gemüse darin unter Rühren 2 Minuten anbraten. Mit Currypulver bestreuen, die Brühe einrühren. Gemüse in 5 bis 10 Minuten bissfest garen.

5 Das restliche Fett in einer Pfanne erhitzen. Die Bananen schälen und mit den Kürbiskernen darin anbraten. Zugedeckt bei schwacher Hitze 5 Minuten braten, bis die Bananen weich und leicht gebräunt sind.

6 Den Reis unter das Gemüse mischen, salzen und auf Tellern verteilen. Bananen und Kürbiskerne darauf anrichten und mit den Kräutern bestreuen. Die Sauce dazu servieren.

Pro Portion: 1864/455 kJ/kcal
12 g Eiweiß • 10 g Fett
74 g Kohlenhydrate • 7 g Ballaststoffe • 15 mg Cholesterin

Raffiniert

Quinoa mit Auberginen und Kapern

Für 4 Portionen

2 Auberginen
1 Gemüsezwiebel
3 Tomaten
250 g Quinoa
6 EL Olivenöl
100 g Kapern
2 EL Balsamicoessig
Salz, frisch gemahlener Pfeffer
2 EL gemischte, gehackte Kräuter

30 Minuten

1 Die Auberginen waschen und in kleine Würfel schneiden. Die Gemüsezwiebel abziehen und in Scheiben schneiden. Die Tomaten überbrühen, abziehen und in Achtel schneiden.

2 Die Quinoa in einem Topf mit 3/4 Liter Salzwasser zum Kochen bringen und bei schwacher Hitze 15 Minuten garen.

3 Das Öl in einer großen Pfanne oder im Wok erhitzen. Auberginen und Zwiebel darin bei mittlerer Hitze unter Rühren etwa 3 Minuten braten. Die Tomaten und Kapern zugeben und erhitzen. Mit Essig, Salz und Pfeffer würzen.

4 Die Quinoa mit Kräutern, Salz und Pfeffer würzen und zum Gemüse servieren.

Pro Portion: 1794/438 kJ/kcal
13 g Eiweiß • 22 g Fett
43 g Kohlenhydrate • 9 g Ballaststoffe • 0 mg Cholesterin

Tipp der Köchin

Quinoa verträgt kräftig schmeckende Zutaten wie z. B. Kapern. Puristen loben die in Salz eingelegten Kapern, doch auch jene in Essig schmecken gut, zur Not spült man ihn etwas ab.

Das Quinoagericht mit Auberginen und Kapern bietet nicht nur ein prächtiges Farbenspiel; auch Genießer kommen hier voll auf ihre Kosten.

Original italienisch

Rosmarinrisotto mit Tomaten

Die Kunst, einen Risotto weich und dennoch bissfest zu garen besteht darin, den Reis die ganze Zeit umzurühren. Dabei darf jeweils immer nur so viel Brühe zugegossen werden, dass die Körner gerade bedeckt sind.

Für 4 Portionen

1 Zwiebel
2 Knoblauchzehen
500 g Tomaten
1–2 Stängel frischer Rosmarin
75 g Parmesan
3 EL Olivenöl
400 g Rundkornreis (am besten Carnaroli oder Arborio)
etwa 1 l Gemüsebrühe
1 EL Butter
Salz, frisch gemahlener Pfeffer

50 Minuten

1 Zwiebel und Knoblauch abziehen und fein hacken. Tomaten überbrühen, abziehen und würfeln. Rosmarinblätter abzupfen und ganz fein zerkleinern. Käse reiben.

2 Das Öl erhitzen und Rosmarin, Zwiebel und Knoblauch darin bei schwacher Hitze braten, bis die Zwiebel glasig ist. Den Reis zugeben und kurz mitbraten. Die Tomaten untermischen und bei starker Hitze unter Rühren 1 Minute schmoren.

3 Die Hälfte der Brühe zugießen, einmal aufkochen und den Reis unter gelegentlichem Rühren etwa 30 Minuten garen. Dabei nach und nach die restliche Brühe zugießen.

4 Den Parmesan und die Butter mit einer Gabel unterziehen. Den Risotto mit Salz und Pfeffer würzen und sofort servieren.

Pro Portion: 2358/575 kJ/kcal
14 g Eiweiß • 19 g Fett
83 g Kohlenhydrate • 5 g Ballaststoffe • 25 mg Cholesterin

Rosmarin ist im Mittelmeerraum beheimatet und verleiht dem Risotto mit seinem kampferähnlichen, herb-bitteren Aroma eine dezente Note.

Klassiker

Tomatencouscous mit Gemüse

Für 4 Portionen

500 g Tomaten
1 Zwiebel
1 Knoblauchzehe
5 EL Sesamöl
300 g Couscous
1 EL Gemüsebrühe (Instant)
300 g grüne Bohnen (frisch oder tiefgekühlt)
300 g Gemüsemais (Dose oder tiefgekühlt)
Salz, frisch gemahlener Pfeffer
1/2 Bund Basilikum
200 g Joghurt

35 Minuten

1 Tomaten überbrühen, abziehen und würfeln. Zwiebel und Knoblauch abziehen und fein zerkleinern. 2 Esslöffel Öl erhitzen und alle drei Zutaten darin bei schwacher Hitze glasig und leicht braun anbraten.

2 Den Couscous zufügen und einige Sekunden unter Rühren mitbraten. Die Tomatenwürfel untermischen, 1/2 Liter Wasser und Brüheextrakt einrühren und einmal aufkochen. Zugedeckt bei schwacher Hitze 10 Minuten garen.

3 Die Bohnen putzen. Das restliche Öl in einem Topf erhitzen und die Bohnen darin unter Rühren kurz anbraten. 2 Esslöffel Wasser zugeben und die Bohnen zugedeckt bei mittlerer bis schwacher Hitze 10 Minuten garen. Den Gemüsemais abtropfen lassen, untermischen und weitere 5 Minuten mitgaren, bis das Gemüse gerade eben weich ist. Mit Salz und Pfeffer würzen.

4 Das Basilikum waschen und fein zerkleinern. Den Joghurt mit einem Schneebesen cremig aufschlagen und mit dem Basilikum vermischen.

5 Das Gemüse mit dem Couscous auf vorgewärmten Tellern anrichten. Den Basilikumjoghurt auf die Portionen setzen und mit etwas Pfeffer aus der Mühle bestreuen.

Pro Portion: 1854/452 kJ/kcal
16 g Eiweiß • 17 g Fett
53 g Kohlenhydrate
33 g Ballaststoffe
0 mg Cholesterin

Couscous wird aus Weizen hergestellt und ist das Nationalgericht der nordafrikanischen Staaten Algerien, Marokko und Tunesien. Der grob gemahlene Weizengrieß wird mit einer dünnen Mehlschicht überzogen, die verhindern soll, dass die Körnchen beim Garen zusammenkleben.

Tomaten sind reich an Kalium und an den Vitaminen C und Beta-Karotin.

Raffiniert

Haferpfanne mit Hähnchen

Statt einem ganzen Hähnchen kann man hier auch wahlweise nur Hähnchenbrust, Keulen oder Flügel zubereiten.

Für 4 Portionen

150 g Nackthafer
4 TL Gemüsebrühe (Instant)
1 Hähnchen (ca. 1400 g)
Salz
2 große Tomaten
2 grüne Paprikaschoten
2 Zwiebeln
2 Knoblauchzehen
4 EL Öl
50 g Korinthen oder Rosinen
1/8 l Hühnerbrühe
frisch gemahlener Pfeffer
Saft von 1/2 Zitrone
1/2 Bund Dill

70 Minuten
8 Stunden Quellzeit

1 Den Hafer kalt abspülen. In einem Topf mit 300 Milliliter Wasser bedecken und im Kühlschrank 8 Stunden zugedeckt quellen lassen. Die Brühe einrühren und alles zusammen aufkochen und zugedeckt bei schwacher Hitze 1 Stunde garen. Dabei ab und zu umrühren.

2 Das Hähnchen waschen, trockentupfen, achteln und mit Salz einreiben. Tomaten überbrühen, abziehen und würfeln. Die Paprikaschoten putzen und in Streifen schneiden. Zwiebeln und Knoblauch abziehen und fein hacken.

3 Das Öl in einem großen Schmortopf erhitzen. Die Hähnchenkeulen und -flügel rundherum darin 10 Minuten anbraten. Die Bruststücke zugeben und weitere 5 Minuten mitbraten. Zwiebeln, Knoblauch und Hafer zugeben und kräftig rösten.

4 Tomaten, Paprikaschoten und Korinthen zugeben. Die Hühnerbrühe zugießen und würzen. Das Huhn zugedeckt etwa 30 Minuten schmoren. Mit Salz, Pfeffer und Zitronensaft würzen. Den Dill fein zerkleinern und darüber streuen.

Pro Portion: 3237/790 kJ/kcal
71 g Eiweiß • 45 g Fett
65 g Kohlenhydrate • 11 g Ballaststoffe • 298 mg Cholesterin

Zwiebeln und Knoblauch – die Gewürze dürfen bei der Haferpfanne mit Hähnchen auf keinen Fall fehlen. Zwiebelfans würden sagen: je mehr, desto besser.

Tipp der Köchin

Am besten Sie bereiten den Hafer am Vorabend des eigentlichen Essens vor, denn die 8 Stunden Quellzeit können ruhig in der Nacht ablaufen. Am nächsten Morgen vor dem Frühstück den Hafer mit der Brühe ansetzen und 1 Stunde garen. So können Sie das Mittagessen getrost angehen und brauchen dann nicht so viel Zeit.

Raffiniert

Polentaschnitten mit Gemüse

Neben den Polentaschnitten aus Italien wird z. B. auch »Mamaliga« aus Mais hergestellt. Gegarter Maisbrei wird mit geriebenem Käse in einen Topf geschichtet und bei schwacher Hitze erwärmt, bis der Käse schmilzt.

Frisches Gemüse sollte nur kurz gelagert werden, um die Vitamine zu erhalten.

Für 4 Portionen

Schnitten:
- 1 TL Gemüsebrühe (Instant)
- 250 g Instantpolenta

Gemüse:
- 2 mittelgroße Kartoffeln (fest kochende Sorte)
- 2 Fleischtomaten
- 100 g dünne grüne Bohnen
- 100 g Zuckerschoten
- 1 Bund Frühlingszwiebeln
- 4 EL Olivenöl
- 100 g Crème fraîche
- Salz, frisch gemahlener Pfeffer
- 1 EL Butter
- 1 Bund Basilikum

45 Minuten

1 Den Brüheextrakt mit 1 Liter Wasser aufkochen. Polenta unter ständigem Rühren einrieseln lassen, erneut aufkochen und zugedeckt bei schwächster Hitze 5 Minuten garen; dabei immer wieder umrühren. Auf ein kalt abgespültes Arbeitsbrett geben, zu einem etwa 3 Zentimeter dicken Rechteck verstreichen und mit einem Küchentuch bedeckt abkühlen lassen.

2 Kartoffeln schälen, waschen und würfeln. Tomaten überbrühen, abziehen und in Scheiben schneiden. Bohnen, Zuckerschoten und Frühlingszwiebeln waschen und putzen. Frühlingszwiebeln mit den saftigen grünen Blättern in etwa 3 Zentimeter lange Stücke schneiden.

3 In einem Schmortopf 3 Esslöffel Öl erhitzen. Kartoffeln, Bohnen, Zuckerschoten und Zwiebeln darin braun anbraten. Crème fraîche, Salz und Pfeffer zugeben und zugedeckt bei mittlerer bis schwacher Hitze etwa 10 Minuten garen. Die Tomatenscheiben untermischen, alles erneut zum Kochen bringen und noch weitere 5 Minuten garen, bis die Kartoffeln weich sind.

4 Inzwischen Basilikum waschen, trocknen, zerkleinern. Die Polenta in etwa 6 Zentimeter große Quadrate schneiden. Das restliche Öl mit der Butter erhitzen und die Polentastücke darin bei mittlerer Hitze pro Seite 4 Minuten braten. Mit dem Gemüse auf heißen Tellern anrichten, mit Basilikum bestreuen.

Pro Portion: 2194/535 kJ/kcal
9 g Eiweiß • 26 g Fett
59 g Kohlenhydrate • 8 g Ballaststoffe • 39 mg Cholesterin

Für Gäste

Wildreis mit Basilikumschollen

Für 2 Portionen
- 150 g Wildreis
- Salz
- 300 g Schollenfilets
- 2 EL Zitronensaft
- 1 Knoblauchzehe
- 1 Bund Basilikum
- 1 EL Öl
- 1 EL Butter
- 2 EL Sahne
- frisch gemahlener Pfeffer

80 Minuten

1 Den Wildreis in 1/2 Liter Salzwasser aufkochen und bei mittlerer Hitze zugedeckt 1 Stunde garen. Gelegentlich umrühren.

2 Den Backofen auf 200 °C (Umluft 180 °C, Gas Stufe 3–4) vorheizen. Reis zugedeckt in den Backofen geben und weitere 15 Minuten garen.

3 Die Schollenfilets in kleine Stücke schneiden. Mit Zitronensaft beträufeln und zugedeckt ziehen lassen. Knoblauch abziehen und zerdrücken. Basilikum fein schneiden.

4 Das Öl erhitzen und Fisch und Knoblauch darin bei mittlerer Hitze kurz anbraten. Mit Basilikum, Butter und Sahne unter den gegarten Reis mischen und alles unter Rühren etwa 1 Minute erwärmen. Salzen, pfeffern und sofort servieren.

Pro Portion: 2323/567 kJ/kcal
38 g Eiweiß • 21 g Fett
58 g Kohlenhydrate • 2 g Ballaststoffe • 133 mg Cholesterin

Tipp der Köchin

Statt Fisch können Sie auch Pilze zum Wildreis reichen. Dafür 20 Gramm getrocknete Spitzmorcheln oder Mischpilze in 1/8 Liter lauwarmem Wasser 15 Minuten einweichen, kalt abspülen und das Einweichwasser aufheben. 200 Gramm Austernpilze in Streifen schneiden. 1 rote Zwiebel in Ringe schneiden, Petersilie fein hacken. Etwas Öl und Butter erhitzen und die Zwiebel anschwitzen. Pilze kurz darin braten, Einweichwasser zugeben und alles 5 Minuten schmoren, dabei 200 Gramm Crème fraîche einrühren.

Schollenfilets haben einen sehr feinen Geschmack und ein fettarmes Fleisch.

Wildreis ist – obwohl dieser Name es vermuten lässt – kein Reis, sondern das Korn einer Wildgetreideart, einem Wassergras. Sein Anbau ist sehr aufwändig, so dass er zu den teuersten Getreidesorten zählt.

Brote, Brötchen und Kuchen

Backerzeugnisse sind die klassische Domäne von Getreide, zumindest in unserer Kultur. Dem Gesundheitstrend sei Dank, dass seit einigen Jahren wieder viel mit dem Mehl aus dem vollen Korn gebacken wird. Während bei uns Weizen und Dinkel aufgrund ihrer hohen Klebergehalte so geschätzt werden, dienen in anderen Ländern die unterschiedlichsten Körner zur Herstellung von Brot und Backwaren. Die folgenden Rezepte zeigen eine interessante Auswahl.

Klassiker

Haselnussbrot

Statt Haselnüssen kann man auch frische Walnüsse für das Brot verwenden. Der Geschmack wird dann ein bisschen kräftiger. Zum Essen braucht man dann nur noch etwas frische Butter auf die Brotscheiben zu streichen.

Für 20 Scheiben

500 g Dinkelvollkornmehl
200 g Haferschrot
80 g Hefe
1 Prise Zucker
1/2 l Buttermilch
1 1/2 EL Salz
2 1/2 EL Brotgewürz
100 g fein gehackte Haselnusskerne

Außerdem:

Fett und Mehl für die Form
3 EL Milch

200 Minuten Zubereitungszeit
45 Minuten Arbeitszeit

1 Mehl und Schrot in einer Schüssel mischen und in die Mitte eine Mulde drücken. Die Hefe in die Mulde bröckeln, Zucker und 5 Esslöffel lauwarmes Wasser zugeben und mit etwas Mehl vom Rand verrühren. Den Vorteig zugedeckt 15 Minuten bei Zimmertemperatur gehen lassen.

Haselnüsse sind zwar besonders fettreich, enthalten aber im Wesentlichen die wertvollen ungesättigten Fettsäuren.

2 Die Buttermilch lauwarm erwärmen. Den Vorteig mit dem gesamten Mehl verrühren, Buttermilch, Salz und Brotgewürz zugeben. Mit den Knethaken des Handrührgerätes etwa 10 Minuten durcharbeiten, bis der Teig Blasen wirft und sich vom Schüsselboden löst. Den Teig zudecken und bei Zimmertemperatur etwa 60 Minuten gehen lassen, bis sich sein Volumen verdoppelt hat.

3 Die Nüsse unter den Teig mischen. Eine Kastenform von 30 Zentimeter Länge ausfetten und mit Mehl ausstreuen. Den Teig einfüllen, mit Milch bestreichen und zugedeckt erneut 15 Minuten ruhen lassen.

4 Die Form in den kalten Backofen auf die untere Schiene stellen. Auf den Boden des Backofens ein feuerfestes Gefäß mit Wasser schieben, damit das Brot während des Backens genügend Feuchtigkeit bekommt. Den Backofen auf 200 °C (Umluft 180 °C, Gas Stufe 3–4) einstellen und das Haselnussbrot etwa 75 Minuten backen.

5 Das Brot aus dem Backofen nehmen, 20 Minuten in der Form stehen lassen. Zum Erkalten auf ein Kuchengitter stürzen.

Pro Scheibe: 665/162 kJ/kcal
7 g Eiweiß • 5 g Fett
25 g Kohlenhydrate • 3 g Ballaststoffe • 1 mg Cholesterin

Tipp der Köchin

Achten Sie darauf, dass die Nüsse wirklich frisch sind, denn schon eine einzige ranzige Nuss kann den Geschmack beeinträchtigen.

Exotisch

Maisbrot

Für 16 Scheiben
2 Eier
125 g weiche Butter
1 Prise Salz
150 ml Milch
125 g Edelpilzkäse
250 g Maismehl
125 g Weizenvollkornmehl
1 EL getrockneter Oregano
1 Päckchen Backpulver
Außerdem:
Fett für die Form

90 Minuten

1 Eigelbe, Butter und Salz schaumig rühren. Milch und Käse nach und nach unterrühren. Eiweiß zu Eischnee steif schlagen und auf die Eigelbmasse setzen. Beide Mehlsorten mit Oregano und Backpulver mischen, zufügen und unterheben.

2 Eine Napfkuchenform ausfetten und den Teig einfüllen. Das Brot in den kalten Backofen stellen und bei 180 °C (Umluft 160 °C, Gas Stufe 2–3) 1 Stunde backen.

Pro Scheibe: 736/179 kJ/kcal
5 g Eiweiß • 11 g Fett
16 g Kohlenhydrate • 2 g Ballaststoffe • 57 mg Cholesterin

Servieren Sie das frisch gebackene Maisbrot am besten einfach nur mit Butter bestrichen oder zu einem knackigen, bunten Salat.

Raffiniert

Fladenbrot vom Blech

Damit das Brot während des Backens genügend Feuchtigkeit bekommt und gut aufgehen kann, stellt man auf den Boden des Backofens ein feuerfestes Gefäß mit Wasser.

Das Fladenbrot schmeckt mit frisch gemahlenem und geschrotetem Getreide unübertroffen gut.

Für 20 Scheiben

- 350 g Roggenvollkornmehl
- 200 g Gerstenvollkornmehl
- 200 g Weizenschrot
- 1 Päckchen Trockenhefe
- 1 TL gemahlener Koriander
- 1 TL gemahlener Kümmel
- 1 EL Salz
- 1/2 l Milch
- 1 Beutel zimmerwarmer Sauerteig (150 g)
- 100 g Kürbiskerne
- Fett für das Blech
- 4 EL Olivenöl

140 Minuten

1 Mehl, Schrot, Hefe, Gewürze und Salz vermischen. Etwa 400 Milliliter Wasser und die Milch anwärmen und mit dem Sauerteig zur Mehlmischung geben.

2 Alles mit den Knethaken des Handrührgerätes etwa 5 Minuten durchrühren, bis der Teig Blasen bildet und sich vom Schüsselrand löst. Zugedeckt bei Zimmertemperatur etwa 1 Stunde ruhen lassen, bis sich sein Volumen verdoppelt hat.

3 Kürbiskerne unter den Teig mischen. Zwei Backbleche fetten und mit dem Teig auslegen. Mit einem Kochlöffelstiel Mulden in den Teig drücken. Brote mit Öl bestreichen, weitere 15 Minuten gehen lassen.

4 Das erste Blech in den kalten Backofen auf die mittlere Schiene schieben und das Brot bei 180 °C (Umluft 160 °C, Gas Stufe 2–3) etwa 30 Minuten backen. Das Brot auf dem zweiten Blech ist in etwa 20 Minuten fertig.

Pro Scheibe: 767/187 kJ/kcal
6 g Eiweiß • 5 g Fett
28 g Kohlenhydrate • 4 g Ballaststoffe • 3 mg Cholesterin

Tipp der Köchin

Für Fladenbrote mit Pinienkernen den Teig aus Dinkel- und Roggenvollkornmehl mit Rosmarin, Thymian, Oregano und braunem Zucker würzen.

Hefeteigfans kennen den kleinen, aber feinen Unterschied zwischen frischer Hefe und Trockenhefe. Wenn möglich greifen Sie zu Hefewürfeln aus dem Kühlregal.

Klassiker

Hirsebrot

Für 20 Scheiben

- 100 g Hirse
- 15 g Hefe
- 15 g Salz
- 500 g Weizenmehl Type 1050
- Mehl zum Kneten
- Fett für die Form

250 Minuten

1 Die Hirse mit 1/4 Liter kaltem Wasser in einen Topf geben, aufkochen und zugedeckt bei schwächster Hitze etwa 20 Minuten garen, bis das gesamte Wasser aufgesogen ist.

2 Die Hefe in eine Schüssel bröckeln. 3 Esslöffel lauwarmes Wasser zugeben und rühren, bis sich die Hefe aufgelöst hat.

3 In einem Topf 1/8 Liter Wasser erhitzen und das Salz darin auflösen. Erneut 1/8 Liter Wasser zugießen.

4 Die noch warme Hirse mit dem Mehl vermischen. Zuerst die aufgelöste Hefe, dann das Salzwasser zugeben und alles mit den Knethaken des Handrührers etwa 5 Minuten rühren, bis der Teig Blasen bildet und sich leicht vom Schüsselrand löst. Zugedeckt bei Zimmertemperatur 90 Minuten ruhen lassen, bis sich das Teigvolumen etwa verdoppelt hat.

5 Den Teig auf einer bemehlten Arbeitsfläche leicht durchkneten. Dabei nach Bedarf noch Mehl zugeben; der Teig soll weich sein, aber nicht kleben.

6 Eine Kastenform von 30 Zentimeter Länge ausfetten und den Teig einfüllen. Zugedeckt weitere 60 bis 90 Minuten gehen lassen, bis er sein Volumen etwa verdoppelt hat.

7 Den Backofen auf 220 °C (Umluft 200 °C, Gas Stufe 4–5) vorheizen. Die Form auf die untere Schiene stellen und das Brot 15 Minuten backen. Den Backofen auf 200 °C (Umluft 180 °C, Gas Stufe 3–4) herunter schalten und das Brot weitere 15 Minuten backen.

8 Das Brot aus der Form auf ein Backblech stürzen und noch einmal 15 bis 20 Minuten backen, bis es goldbraun ist.

Pro Scheibe: 406/99 kJ/kcal
4 g Eiweiß • 1 g Fett
20 g Kohlenhydrate • 5 g Ballaststoffe • 1 mg Cholesterin

Dieses Hirsebrot eignet sich gut für feine englische Sandwiches, die mit einem würzigen Aufstrich zum Tee serviert werden können.

Bodenständig

Dinkelbrot

Für 2 Brote à 20 Scheiben
1 kg Dinkelvollkornmehl
250 g Dinkelschrot
250 g Dinkelflocken
3 Päckchen frische Hefe (120 g)
1 TL Zucker
500 g lauwarme Buttermilch
30 g Butter oder Pflanzenmargarine
1 Ei
1 EL Salz
1 EL gemahlener Kümmel
1 EL gemahlener Koriander
Außerdem:
Fett für die Bleche

220 Minuten
110 Minuten Ruhezeit

1 Mehl, Schrot und Flocken (2 Esslöffel übrig lassen) vermischen.

2 Hefe zerbröckeln und mit Zucker, 125 Gramm Buttermilch und etwas Mehl vermischen. Bei Zimmertemperatur 10 Minuten ruhen lassen.

3 Den Hefevorteig mit der restlichen Buttermilch zur Mehlmischung geben. Fett, Ei und Gewürze zugeben. Alles zunächst mit den Knethaken des Handrührgerätes verrühren, dann mit den Händen kneten, bis der Teig Blasen bildet und nicht mehr klebt. Falls der Teig zu fest ist, noch etwas lauwarmes Wasser unterkneten.

4 Den Brotteig zugedeckt etwa 75 Minuten gehen lassen, bis sich sein Volumen verdoppelt hat.

5 Zum Backen 2 Backbleche fetten. Den Teig zu 2 Broten formen, auf die Backbleche legen und mit Wasser bestreichen. Mit den restlichen Dinkelflocken bestreuen und noch einmal 10 Minuten gehen lassen.

6 Die Brote in den kalten Backofen auf die mittlere Schiene schieben. Ein feuerfestes Gefäß mit Wasser hinein stellen. Brote bei 200 °C (Umluft 180 °C, Gas Stufe 3–4) etwa 75 Minuten backen.

7 Den Backofen öffnen und die Brote darin 10 Minuten ruhen lassen. Herausnehmen und zum Erkalten auf ein Kuchengitter geben.

Pro Scheibe: 610/145 kJ/kcal
5 g Eiweiß • 2 g Fett
26 g Kohlenhydrate • 3 g Ballaststoffe • 9 mg Cholesterin

Tipp der Köchin

Gut schmeckt auch ein Vierkornbrot aus Grünkernschrot, Dinkel-, Roggen- und Weizenvollkornmehl mit Fenchel.

Im Gasbackofen oder bei Ober- und Unterhitze reduziert sich die Backzeit von dem zweiten Brot um etwa 15 Minuten, da es in den heißen Backofen kommt. Im Umluftherd kann man beide Brote gleichzeitig backen.

Koriander und Kümmel sind sehr beliebte Brotgewürze und wirken verdauungsfördernd.

Frische Brötchen sind immer ein Genuss. Vor allem wenn Sie zum Frühstück oder Brunch einladen, werden Sie mit selbst gebackenen Brötchen Lob bekommen.

Studentenfutter ist auch ein beliebter Knabberartikel. Doch Vorsicht, Rosinen und Nüsse sind sehr energiereich.

Gelingt leicht

Knusperbrötchen

Für 12 Stück

- 500 g Dinkelvollkornmehl
- 1 Päckchen Trockenhefe
- 1 EL Apfelkraut
- 1 Prise Salz
- abgeriebene Schale von 1/4 unbehandelten Zitrone
- 1 Ei
- 3/8 l lauwarme Milch
- 40 g weiche Butter oder Margarine
- 100 g Studentenfutter

Außerdem:

- Mehl zum Formen
- Fett für das Blech
- 2 EL Sahne zum Bestreichen

120 Minuten

1 Vollkornmehl, Hefe, Apfelkraut, Salz, Zitronenschale und Ei, Milch und Fett in eine Schüssel geben und alles mit den Knethaken des Handrührgerätes etwa 5 Minuten durchrühren, bis der Teig Blasen bildet und sich vom Rand der Schüssel löst. Den Teig mit einem Geschirrtuch zudecken und etwa 1 Stunde bei Zimmertemperatur gehen lassen, bis sich sein Volumen verdoppelt hat.

2 Das Studentenfutter mit einem scharfen Messer klein hacken. Ein Backblech dünn einfetten.

3 Den Teig auf einer bemehlten Arbeitsfläche kräftig durchkneten, dabei das Studentenfutter einarbeiten. 12 Brötchen formen, auf das Backblech legen, mit Sahne bestreichen. Zugedeckt 15 Minuten gehen lassen.

4 Den Backofen auf 200 °C (Umluft 180 °C, Gas Stufe 3–4) vorheizen. Die Brötchen einschieben und in 20 bis 25 Minuten backen, bis sie goldbraun sind.

Pro Stück: 1091/260 kJ/kcal
7 g Eiweiß • 9 g Fett
36 g Kohlenhydrate • 3 g Ballaststoffe • 35 mg Cholesterin

Raffiniert

Käsebrötchen

Für 15 Stück

- 1 Würfel Hefe (40 g)
- 500 g Weizenvollkornmehl
- Salz
- 1 mittelgroßes Ei
- 100 g geriebener Parmesankäse
- 1 knapper EL Olivenöl

Außerdem:

- Mehl zum Formen
- Fett für das Blech
- 4 EL Milch zum Bestreichen
- 2 EL Mohn oder Sesamsamen

190 Minuten

1 Hefe in 1/4 Liter lauwarmem Wasser auflösen. Mehl in eine Schüssel geben, mit Salz mischen und in die Mitte eine Vertiefung drücken.

2 Die angerührte Hefe in die Mulde gießen und mit dem Mehl vermischen. Ei, Käse und Öl zufügen und mit den Knethaken des Handrührers etwa 5 Minuten rühren, bis der Teig Blasen wirft und sich vom Schüsselrand löst. Den Teig zugedeckt etwa 1 Stunde gehen lassen, bis sich das Volumen verdoppelt hat.

3 Ein Backblech fetten. Den Teig auf einer bemehlten Arbeitsfläche kräftig durchkneten. 12 Brötchen formen und auf das Backblech legen. Mit Milch bestreichen, mit Mohn oder Sesam bestreuen und weitere 30 Minuten gehen lassen.

4 Den Backofen auf 200 °C (Umluft 180 °C, Gas Stufe 3–4) vorheizen.

5 Die Brötchen in den heißen Backofen schieben und in etwa 20 Minuten goldbraun backen. Auf einem Kuchengitter abkühlen lassen und frisch servieren.

Pro Stück: 742/177 kJ/kcal
7 g Eiweiß • 5 g Fett
25 g Kohlenhydrate • 2 g Ballaststoffe • 21 mg Cholesterin

Zu den kross gebratenen Käsebrötchen brauchen Sie eigentlich nur noch frische Butter.

Erwärmte Aprikosenkonfitüre dient als Isolierschicht zwischen Gebäck und anderen Glasuren oder Garnituren. Wird sie mit Zuckerwasser eingekocht, spricht man von Aprikotur.

Die Rüblischnitten werden durch die Möhren besonders saftig und lassen sich ohne Aprikosenaufstrich und Sahne gut einige Tage aufbewahren.

Gelingt leicht

Rüblischnitten

Für 18–24 Stück

600 g Möhren
7 Eier
200 g Zucker
abgeriebene Schale und Saft von 1 unbehandelten Zitrone
2 Päckchen Vanillezucker
1 Prise Salz
400 g gemahlene Mandeln
100 g Dinkelmehl
1 Päckchen Backpulver
2 TL Zimt
1/2 TL Nelkenpulver
125 g Aprikosenkonfitüre
250 g Sahne

50 Minuten

1 Möhren waschen, schälen und fein reiben. Eier trennen. Eigelbe mit Zucker, Zitronenschale, Zitronensaft, Vanillezucker und Salz schaumig rühren. Mandeln, Mehl, Backpulver, Zimt und Nelkenpulver zugeben. Die Möhren unterheben. Eiweiß steif schlagen und locker unterziehen.

2 Ein Backblech fetten und den Teig darauf glatt streichen. In den kalten Backofen auf die mittlere Schiene schieben und bei 200 °C (Umluft 180 °C, Gas Stufe 3–4) etwa 30 Minuten backen. Vor der Weiterverarbeitung abkühlen lassen.

3 Konfitüre erwärmen und durch ein Sieb streichen. Den Kuchen damit bestreichen, in Stücke schneiden. Die Sahne steif schlagen und die Schnitten damit garnieren.

Pro Stück: 961/229 kJ/kcal
6 g Eiweiß • 15 g Fett
18 g Kohlenhydrate • 3 g Ballaststoffe • 75 mg Cholesterin

Raffiniert

Maisschnitten

Für 20 Stück

3 Eier
50 g weiche Butter
200 g Rohrzucker oder Rübenzucker
1 Prise Salz
360 g feines Maismehl
1/2 Päckchen Backpulver
abgeriebene Schale von 1/2 Orange
125 g Ricotta
Außerdem:
Fett für das Blech

60 Minuten

1 Die Eier trennen, Eigelbe mit Fett, Zucker und Salz schaumig rühren. Mehl, Backpulver und Schale mischen, nach und nach auf die Eiercreme sieben und alles zu einem Teig verarbeiten.

2 Eiweiß zu Eischnee steif schlagen. Zuerst esslöffelweise den Ricotta, dann den Eischnee unter die Mehlmischung ziehen.

3 Backblech fetten und den Teig darauf glatt streichen. In den kalten Backofen schieben und bei 180 °C (Umluft 160 °C, Gas Stufe 2–3) in 40 bis 50 Minuten goldbraun backen. Den Maiskuchen herausnehmen, auf dem Blech 10 Minuten ruhen lassen, in Stücke schneiden und auf einem Kuchengitter abkühlen lassen.

Pro Stück: 594/145 kJ/kcal
4 g Eiweiß • 5 g Fett
22 g Kohlenhydrate • 2 g Ballaststoffe • 44 mg Cholesterin

Klassiker

Schichtkuchen

Für 12 Stück

125 g weiche Butter oder Pflanzenmargarine
150 g Rohrzucker
1/2 TL Vanillepulver
1 Prise Salz
1 EL Orangensaft
4 Eier
300 g Kamutweizen-Vollkornmehl
1 TL Backpulver
4 EL Milch
200 g beliebiges Obst
200 g Sauerkirsch-, Erdbeer- oder Aprikosenaufstrich
200 g Sahne

Außerdem:

eventuell Obst zum Garnieren
Fett für die Form

90 Minuten
5 Stunden Ruhezeit

1 Fett, Zucker, Vanillepulver, Salz und Orangensaft mit einem Rührbesen schaumig rühren. Die Eier nacheinander unterrühren. Mehl und Backpulver vermischen und darüber sieben. Alles verrühren und dabei so viel Milch zugießen, dass der Teig in langen Zapfen abreißt.

2 Eine Springform von 26 Zentimeter Durchmesser fetten und 1/3 des Teiges darin glatt verstreichen.

3 Die Form in den kalten Backofen auf die untere Schiene stellen und den Kuchenboden bei 180 °C (Umluft 160 °C, Gas Stufe 2–3) in etwa 30 Minuten hellbraun backen.

4 Den restlichen Teig in zwei Portionen jeweils etwa 20 Minuten in dem bereits heißen Backofen backen. Alle Kuchenböden abkühlen lassen.

5 Das Obst nach Bedarf vorbereiten und zerkleinern. Zwei Böden mit dem Aufstrich Ihrer Wahl bestreichen, mit Obst belegen und alle Böden vorsichtig aufeinander legen. Etwa 5 Stunden durchziehen lassen.

6 Die Sahne steif schlagen und den Kuchen damit bestreichen. Nach Wunsch mit Obst garnieren.

Pro Stück: 1402/342 kJ/kcal
6 g Eiweiß • 17 g Fett
41 g Kohlenhydrate • 2 g Ballaststoffe • 122 mg Cholesterin

Für den Schichtkuchen kann man jede beliebige Art von Aufstrich oder Konfitüre verwenden.

Die Kuchenböden für den Schichtkuchen backt man am besten in zwei Springformen: Während die eine abkühlt, kommt die andere in den Backofen. Oder Sie backen einen hohen Kuchenboden und schneiden ihn abgekühlt zweimal quer durch, am besten mit einem langen, angefeuchteten Messer.

Exotisch

Buchweizentorte mit Aprikosen

Da Buchweizen kein Klebereiweiß Gluten enthält, kann man mit ihm keinen Kuchenboden backen, der aufgehen soll. Doch als Belag eignet er sich sehr gut, vor allem in Kombination mit säuerlichen Früchten.

Für 12 Stück

Teig:
- 200 g Weizenvollkornmehl
- 50 g Zucker
- abgeriebene Schale von 1/2 unbehandelten Zitrone
- 1 Prise Salz
- 4 EL kaltes Wasser
- 100 g weiche Butter oder Pflanzenmargarine
- Fett für die Form

Belag:
- 75 g Buchweizen
- 3/8 l Milch
- 75 g Zucker
- 1 EL Vanillezucker
- Saft und Schale von 1/2 unbehandelten Zitrone
- 1 EL Orangenmarmelade
- 2 Eier
- 200 g Sahne
- 800 g Aprikosen
- 2 EL Agavensaft

Je reifer die Aprikosen, desto aromatischer schmeckt die Buchweizentorte. Obstkuchen sollte man frisch servieren und höchstens einen Tag im Kühlschrank aufbewahren.

120 Minuten

1 Mehl, Zucker, Zitronenschale, Salz, Wasser und Butter auf einer Arbeitsfläche mit den Händen rasch zu einem glatten Teig kneten.

2 Eine Springform von 26 Zentimeter Durchmesser fetten. Den Teig ausrollen und die Form damit auskleiden, dabei einen etwa 3 Zentimeter hohen Rand formen. Den Teigboden mit einer Gabel mehrmals einstechen und kühl stellen, bis der Belag vorbereitet ist.

3 Für den Belag Buchweizen, Milch, Zucker, Vanillezucker und Zitronenschale aufkochen und zugedeckt bei schwacher Hitze 20 Minuten garen. Zitronensaft und Marmelade untermischen und abkühlen lassen.

4 Die Eier trennen. Die Eigelbe unter den Buchweizen rühren. Eiweiß und Sahne getrennt voneinander steif schlagen und darunter ziehen.

5 Teigboden in den kalten Backofen auf die mittlere Schiene stellen und bei 200 °C (Umluft 180 °C, Gas Stufe 3–4) 10 Minuten vorbacken.

6 Inzwischen die Aprikosen waschen, halbieren und entsteinen. Mit der Höhlung nach unten auf den Teigboden legen, Buchweizenbrei darüber glatt streichen und mit dem Agavensaft beträufeln.

7 Den Kuchen in den Backofen stellen und bei 175 °C (Umluft 150 °C, Gas Stufe 2) in etwa 50 Minuten fertig backen.

Pro Stück: 1229/300 kJ/kcal
5 g Eiweiß • 15 g Fett
35 g Kohlenhydrate • 2 g Ballaststoffe • 81 mg Cholesterin

Kekse schmecken nicht nur zu Weihnachten. Das ganze Jahr über kann man sie mit verschiedenen Getreidearten backen, z. B. aus Hirse und Kamut.

Walnusskerne sollten am besten in luftdichter Verpackung gekauft werden, da sie unter Einfluss von Licht, Luft, Wärme und Feuchtigkeit schnell ihr Aroma verlieren und ranzig werden.

Raffiniert

Hirsekekse

Für 40 Stück

150 g Hirse
100 g Walnusskerne
100 g Mehl
1/2 Päckchen Lebkuchengewürz
1/4 TL Backpulver
100 g weiche Butter
75 g Puderzucker
1 Prise Salz
je 1 EL Zitronenschale und -saft
1 Ei

110 Minuten

1 Hirse und Walnüsse getrennt voneinander sehr fein mahlen. Beide Zutaten mit Mehl, Lebkuchengewürz und Backpulver vermischen.

2 Die weiche Butter, Zucker, Salz, Zitronenschale, Zitronensaft und Ei schaumig rühren. Mehlmischung unterrühren. Teig zu 2 Rollen formen, in Backpapier wickeln, 60 Minuten kühlen.

3 Die Rollen in etwa 1/2 Zentimeter dicke Scheiben schneiden und auf ein ungefettetes Backblech legen. In den kalten Backofen auf die mittlere Schiene schieben und die Kekse bei 200 °C (Umluft 180 °C, Gas Stufe 3–4) etwa 25 Minuten backen.

Pro Stück: 321/78 kJ/kcal
2 g Eiweiß • 4 g Fett
9 g Kohlenhydrate • 1 g Ballaststoffe • 12 mg Cholesterin

Klassiker

Pfeffernüsse

Für 40 Stück

100 g Haselnusskerne
275 g Kamutweizenmehl
1/4 TL Hirschhornsalz
1/4 TL feiner weißer Pfeffer
1/4 TL Kardamompulver
1 Messerspitze gemahlene Muskatblüte (Macis)
2 Eier
200 g Rohr- oder Rübenzucker
Fett für das Blech

120 Minuten

1 Die Haselnüsse hacken. Nüsse, Mehl, Hirschhornsalz, Pfeffer, Kardamompulver und Macis mischen. Die Eier und den Zucker in einer Rührschüssel mit den Quirlen des Handrührgerätes schaumig schlagen. Die Nussmischung unterrühren.

2 Zwei Backbleche einfetten. Aus dem Teig kleine Kugeln formen und auf die Backbleche setzen.

3 Das erste Blech in den kalten Backofen auf die mittlere Schiene schieben und die Pfeffernüsse bei 180 °C (Umluft 160 °C, Gas Stufe 2–3) etwa 20 Minuten backen. Die Pfeffernüsse auf dem zweiten Blech brauchen etwa 15 Minuten.

Pro Stück: 258/63 kJ/kcal
2 g Eiweiß • 2 g Fett
10 g Kohlenhydrate • 1 g Ballaststoffe • 12 mg Cholesterin

Sachregister

Rezeptregister

Die Autorin

Dr. Barbara Rias-Bucher, geboren in München, Mitglied des Food Editor Clubs, arbeitet seit über 20 Jahren für renommierte Verlage. International bekannt wurde sie durch ihre Bücher zu vegetarischer und vollwertiger Ernährung. Sie wurde mehrfach ausgezeichnet von der Gastronomischen Akademie Deutschlands, und die Auflagen ihrer etwa 70 Bücher liegen inzwischen bei über zwei Millionen. Barbara Rias-Bucher zählt zu den wichtigsten deutschen Kochbuchautoren und gilt als Expertin für gesundes Essen, das auch Feinschmecker mögen.

Der Fotograf

Ulrich Kerth war nach dem Abschluss an der Münchner Staatslehranstalt für Fotografie einige Jahre als Reportage- und Reisefotograf für verschiedene Verlage und Zeitschriften in der Welt unterwegs. Auf seinen vielen Reisen entdeckte er für sich immer mehr die Foodfotografie, die inzwischen zu seinem Schwerpunkt geworden ist. Ulrich Kerth, der in München lebt und arbeitet, hat bereits zahlreiche Bildbände und Kochbücher veröffentlicht.

Bildnachweis

Fotografie: Ulrich Kerth, München mit Ausnahme von:
Südwest Verlag: Titelbild (Michael Holz), Vor- und Nachsatz (Joachim Heller), Freisteller

Hinweis

Das vorliegende Buch ist sorgfältig erarbeitet worden. Dennoch erfolgen alle Angaben ohne Gewähr. Weder Autorin noch Verlag können für eventuelle Nachteile oder Schäden, die aus den im Buch gemachten praktischen Hinweisen resultieren, eine Haftung übernehmen.

Impressum

Lektorat: Dr. Ute Paul-Prössler
Projektleitung: Susanne Kirstein
Bildredaktion: Sabine Kestler
Food-Fotografie: Ulrich Kerth
Produktion: Manfred Metzger (Leitung), Annette Aatz, Dr. Erika Weigele-Ismael
Umschlag und Layout: Manuela Hutschenreiter
DTP: Andreas Rimmelspacher

Printed in Italy

Gedruckt auf chlor- und säurearmem Papier

ISBN 3-517-06210-3